如果停不下來，就先學會慢下來

52種簡單易行的正念練習，
幫你化解壓力，找回專注力

［靜心升級版］

匆忙，
有時指的
不是速度，
而是心境。
當你不再
追逐時間，
而是專注在
「此時此刻」，
就能從容面對壓力，
找回內心平靜，
發現慢的力量。

［原書名：你可以忙而不亂：停止抱怨，接納情緒，看清問題根源的 52 個正念練習］

目錄 Contents

推薦序　用正念按下暫停鍵，重新整理……再出發　蘇益賢　014
作者序　為大忙人寫的正念練習書　017
前言　找到慢的力量，人生從此不一樣　019

PART 1 按下生活的暫停鍵

01 世界愈快，心要愈慢　028
「人在，心不在」的分心時代　029／學會接納，不再勉強自己　031
你的心，決定你看見的世界　033／經科學實證有效的正念療癒力　034
正念跟你想的不一樣　038／活得簡單，隨遇而安　044

02 你到底在急什麼？　046
「忙碌」這種病　047／大忙人的心靈整理術　048
練習1　你的大腦能多工處理嗎？　050

03 覺知的力量 052

在當下的選擇，累積成你的人生 053／不判斷、不評價、不期盼 055

練習2 覺知VS.思維 057／呼吸讓你靜心與身體對話 059

練習3 只要兩分鐘的觀息法 060

PART 2 你可以忙而不亂

04 為心靈鬆綁 066

練習4 你的心還在不在？ 068／練習5 檢測你的「身忙心亡」指數 069

為了喝咖啡而喝咖啡 071／練習6 享受悠閒的午茶時光 073

花太多時間擔心「沒時間」 075／練習7 再忙，也要跟自己相處 077

與時間產生親密關係 078／練習8 感受一分鐘的長度 079／愈控制，愈失控 081

列出待辦事項，告別瞎忙 085／練習9 To Do List, Check! 086

05 再見，匆忙病 089

忙碌上癮症 090／練習10 不抱怨的練習 091

如果佛陀也有iPhone 095／練習11「認識」你的手機 097

慣性忙碌 099／練習12 我為何像忙碌的蜜蜂「嗡嗡嗡」？ 100

練習13 忙裡也能偷閒 102

06 不被念頭牽著走 104

練習14 關掉內心喋喋不休的想法 105／有壓力但不煩惱 106

天外有天，沒完沒了的無解之謎 110／練習15 聆聽內心的聲音 112

練習16 專心洗澎澎 113／連動式的想法迴路 114

練習17 不要想粉紅色大象 115／進入當下，遇見自己 116

被痛苦掌握，就會想要更多痛苦 118／練習18 讓想法不動如山 119

練習19 一分鐘迷你靜心法 120／練習20 回到現實的三種妙方 121

「看見」想法 124／行走靜觀 125／練習21 出去散散步吧！ 126

PART 3 療癒超載的壞情緒

07 停止負面吸引力 130
接受，才有力量 131／擁抱不完美、不勇敢的自己 133
不再成為情緒的囚犯 137／練習22 感覺你的感受 138／別和自己過不去 140

08 學會放空 143
樂在無聊 144／練習23 好無聊的練習 145／練習24 讓沉悶的會議變得有趣 151

09 為身體減壓、遠離病痛的困擾 154
關閉身體的總電源 155／練習25 躺床的正念練習 156
當幻想變成自動導航模式 158／練習26 享受暫停的美好 159
心理不舒服，身體就受苦 160／練習27 先緊繃後放鬆的肌肉鬆弛法 162
練習28 改變姿勢，為身體減壓 163／練習29 正念隨身行 163

其實，病因就潛藏在情緒裡 164／練習30 檢視自己的感受 168
練習31 身體掃描 169／練習32 與痛苦共處 170

10 **尋找憤怒的解藥** 173

練習33 從身體語言破解情緒密碼 175／如果能像小孩一樣發飆 176
失焦的爭辯 177／傾聽你的內在小孩 180／你值得擁有平靜 181
練習34 心存正念的說話術 182

11 **化解恐懼與焦慮** 186

練習35 如何在沒糖可吃的世界生活 187
釋放恐懼 188／練習36 專心忙亂 189／練習37 種下正念的種子 191

12 **走過悲傷，面對無常** 194

練習38 品嚐憂傷的味道 196／不管情況多糟，一切都會過去 197
練習39 自我療癒 199／正向的悲傷 201／練習40 刷牙時的正念練習 202

PART 4
成為更好的自己

13 活在現在進行式中 206

不再想著快樂，就能擁有快樂 207／快樂與痛苦在一念之間 209

接受「事情就是這樣」的EASE法則 210／接納，是改變的開始 211

練習41 只要你笑，全世界就會跟著你微笑 213

14 愛自己，也愛別人 215

練習42 看見美好 217／你不只重要，而且還「很重要」！ 218

練習43 魔鏡，魔鏡，我是世界上最特別的人 219／心懷感激過生活 220

練習44 好好吃餅乾 221／為善最樂 223／練習45 謝謝，感激不盡！ 224

練習46 隨手行善 225／慈悲的力量 226／練習47 散播善念的種子 228

讓「同理心疲乏」恢復彈性 229／練習48 聽！那是什麼聲音？ 231

PART 5 找回平靜的心靈整理術

15 開啟心生活 234

以不變應萬變 235／練習49 與此時此刻做朋友 237／欲速則不達 238

練習50 練習不動心 240／正念是「修剪忙亂」的利器 241

16 每天都是正念日 245

你就是自己最好的朋友 246／練習51 保持開放的心 247

體驗活在當下的力量 248／練習52 注意空隙 249

推薦序

用正念按下暫停鍵，重新整理……再出發

蘇益賢

臨床心理師，經營心理學臉書粉絲專頁「心理師想跟你說」，著有《從此不再壓力山大》、《練習不壓抑》等正念相關書籍

盲、忙、茫，三個不同的字，精確地呈現出許多當代人的狀況。

偶爾，我們因為忙碌而感到充實。特別是在這個強調打拚、努力、進取的社會裡，忙碌變成了一枚勳章，別上它似乎能給人一種心安理得的感覺。但更多時候，我們從「忙」變成「盲」，那是不知為何而忙的一種空虛感受。又或者，我們從「忙」變成「茫」，雖然很努力認真，卻因此變得更為迷惘與茫然。

「適度忙碌」並沒有問題。透過有效行動而解決各種問題，也是人類能發展文明與進

步的主因。只是，我們有時會因為「忙碌」太好用了而過度使用它；忘了拿捏「適度」與「過度」忙碌之間的界線。

過度忙碌帶來的負面影響，當代人都不陌生。壓力山大、情緒困擾、身體症狀、自律神經失調、倦怠感等，都是我們長期困在忙碌模式中的後遺症。

而正念正是幫助我們「跳出」忙碌模式的最佳解藥。透過正念，我們得以從沒有煞車的忙碌中跳出來，暫停一下。我常比喻為一連串樂譜裡頭的「休止符」。不急著前往下一個樂章，我們停留在此刻，不急、不忙，不逼自己往下一步走。而是重新調整自身狀態，看見此刻的外在環境與自身內在狀態。按下鍵盤上的「重新整理」，微調自己當下的心，也使得身心得以找到一個停歇之處。

本書為讀者安排了五十二個正念練習，剛好呼應著一年的五十二個禮拜。雖然這些練習「看似」簡單，卻能帶來許多研究證實的好處，好比：減壓、助眠、減輕煩惱、提升免疫力，乃至於改善人際關係。當然，練習用「看」的是沒有多大幫助的。如何具體落實，以及持之以恆，才是正念路上更大的挑戰。

或許，讀者可以就從翻開這本書的當下開始，以周為單位，（就從這個禮拜開始吧！）為自己挑選一樣練習，把它應用在你的工作與生活中，讓正念的精神，陪伴我們應對每天要面對的不同挑戰。

此外，也得提醒讀者，在每次練習正念的時刻，放下一般世俗「好壞對錯」的遊戲規則。正念練習只有分「有做」與「沒有做」，沒有別的了。

時常，我們會因為生活的繁忙而回到「老樣子」，覺得自己「沒時間」，又或者被生活瑣事纏身而「忘了」練習。這時，可別急著攻擊自己，不妨用正念的心態，面對每一次的「忘記」。你可以告訴自己，正念的精神就是不斷的「再來一次」。昨天忘了練習沒關係，今天想起的這一刻，我們就能再次開始。

祝福正讀著這段文字的你，在每個意識到自己因忙而盲、因忙而茫的時刻，都能透過正念按下暫停鍵，重新整理……再出發！

作者序

為大忙人寫的正念練習書

你會拿起這本書，可能是因為你有興趣瞭解更多關於正念的基本概念、它能為你做什麼，也可能是想知道你能夠如何將它融入忙碌的生活中。或者你可能就是實在忙得不可開交，在束手無策的情況下，你什麼都願意姑且試試，（正念或是任何事！）好從你忙亂的生活中找到一些寬慰和平靜。

無論是哪一種情況，你都來對地方了；這本書就是為你寫的。

像我們這樣的忙碌一族，很清楚手忙腳亂、四處奔波、忙得團團轉是怎麼一回事，我們從來就不會覺得每件事都做完了，白天的時間永遠不夠用，多數時候總是感到疲累、筋疲力竭，而且厭倦。

我們也心知肚明在下一次的壓力到臨、再度打破片刻的寧靜之前，放鬆或是舒心的時刻似乎從來就不會持續太久！有人會跟你說，只要放慢腳步，心情放輕鬆，多深呼吸幾次，情況就會好轉。如果你很明顯完全無法如期達成目標，或根本做不到的話，就嘗試少做一點。

我們瞭解這些話根本毫無助益且令人懊惱。就像你一樣，我們都曾經聽過關心我們的朋友和家人告訴我們這些話，還有數不清的西方心理學自助書籍（其中很多都充滿了虛假的承諾）也告訴我們，只要正面思考、花點時間放空和放鬆、多授權給其他人、更懂得安排日常工作的先後順位，還有增進我們的時間管理技巧等等，事情就會有所改善。如果你曾經嘗試過上述各種方法，那麼你可能會發現那其實並不管用，而且根本沒那麼簡單！

那麼，我們究竟該怎麼做，才能告別忙亂，找回平靜？沒錯，我們有答案。我們知道忙碌是怎麼一回事，而且也知道做哪些事真的有幫助，那就是——正念。

身為在倫敦市執業的心理醫師，我們針對像你（和我們）這般非常忙碌的人，提供了以正念為基礎的治療與輔導課程，並舉辦正念和壓力管理工作坊。在本書中，我們熱切地分享了與案主進行諮商後實證有效的諸多例證，以及我們自身在日常生活中所使用的一些技巧與專業引導。這些技巧真的很管用，希望能立刻幫助你感到平靜、自信，而且對於掌控忙碌的一天能更得心應手。

前言

找到慢的力量，人生從此不一樣

相信就你目前的情況來看，生活忙碌、有排山倒海的事迎面而來待你處理，是無可避免的事實。因此，你能選擇花些寶貴的時間和精神來看這本書真是太棒了。我們可以保證，假如你感到生活忙碌到讓你喘不過氣來，那麼閱讀這本書，你將能朝更少壓力、更具效率，且更有意義的生活方式，成功地跨出第一步。

我們每天都和像你這般日理萬機的人進行諮商，瞭解這樣的生活有多辛苦；我們也知道正念很有用，因為我們每天都在使用它，包括用在我們的案主身上，以及落實在我們自身繁忙的生活中。

本書就是針對那些時間寶貴、分秒必爭的大忙人所規劃，因此許多練習都設計得非常簡短而且也很容易做到，對於現在被生活、工作、家庭、經濟挾持而飛奔前行的你將有所助益。書中收錄的案例都是來自於我們的諮商工作，用以說明正念如何有助於我們處理一些日常生活中常見的問題。

我們忙碌的案主常常為了疲憊不堪、壓力過大、身體疼痛、焦慮和憂鬱等問題前來就診。每個人在這些方面全都「同病相憐」。我們想要向你證明正念如何能對你大有幫助，就像它能幫助我們的案主和我們自己一樣。

你的忙亂指數有多高？

在你閱讀本書以前，請逐一閱讀下述問題。你有哪幾題會回答「是」呢？

- □ 你每天都忙到時間不夠用，或是根本沒時間去做自己真正想做的事？
- □ 你覺得假如再有一件事出錯，你可能就會抓狂？
- □ 你不斷設法同時處理一件以上的事嗎？
- □ 你覺得有來自四面八方的各種事情，不斷分散你的時間和注意力嗎？
- □ 你會感到緊繃、焦慮或煩躁嗎？
- □ 你驚訝自己能完成許多事，卻從不覺得自己真能停下腳步、放輕鬆嗎？

□你會無緣無故感到難過或沮喪嗎？

□你覺得有時會很難專心或集中注意力嗎？

□你是否經常夢想能過不同的生活、遠離壓力，並提出任性的要求？

□當你沒有朋友或心愛的人陪伴時，仍能覺得活力充沛嗎？

□對於你生活的某個或多個層面，有時你會感到無趣、沒有動力、沒效率、無生產力，或者是缺乏創意嗎？

□你發現自己會陷入沉思狀態，或者經常覺得充滿壓力嗎？

□你會難以入睡，並且（或）睡不好嗎？

□你會忽然感到筋疲力竭和倦怠嗎？

□你覺得身邊的每個人都需要你花費時間和注意力嗎？

□你忍受著生理上的疼痛嗎？

□你會以情緒性飲食、酗酒或吸毒來減輕壓力嗎？

如果這些問題中，你有一題（或全部！）回答「是」，那麼這本書就非常適合你！

輕鬆易學，隨時靜心

就在你忙碌的生活表面下，其實隱藏著一潭平靜無波的水池，本書將告訴你如何隨時沉入水底靜心沉潛。放慢速度，你就能等待更成熟的時機，做出更有智慧的回應。

確切來說，藉由規律地練習正念，你可以期待：

- 感覺更快樂、更滿足。
- 增進你的動力和能量。
- 更具生產力和效率。
- 提升你的心智與身體耐力。
- 強化你的免疫系統和改善整體健康。
- 減少你的壓力和造成其他心理健康問題的機會。
- 增進你的記憶力和專注力，並增加你的腦波活動。
- 增強你的直覺和創造力。
- 增進你的溝通技巧，並擁有更良好的人際關係。

- 創造一個更自在、更有意義與充實滿足的生活。

以上這些好處全都任君挑選，但是你必須勤加練習，才會發現其實正念就在你身邊。在本書中將教導你許多隨時隨地都能做的正念練習，即便再忙，也能抽空做個練習來安頓身心。

正念無所不在

在這本書中，我們熱切地想要：

- 告訴你正念如何能大幅改善緊張忙亂。
- 教你一些非常容易融入在忙碌生活中的練習方法。
- 向你證明，無論你有多忙，能信手拈來、取之不竭且無所不在的正念其實就在你身邊。
- 告訴你如何以快速和方便的技巧來利用它，而且無須改變你身邊和周遭環境的任何事物。

- 告訴你即使再忙，也能隨時輕鬆減壓，並更有效率，也更幸福。
- 你不需要理光頭，穿橘黃色的袈裟、吃著小扁豆、在山頂上練習正念，但是你必須擁有開放的心胸和保持好奇心，以全新的方式來嘗試某些事物。譬如，用心地刷牙。

終日忙碌可能意味著你沒有時間閱讀其他討論正念的書籍，而且它們可能也比較偏重心靈教學，需要花費好幾週進行練習；我們則將本書設計成一種「正念隨身行」的指導手冊，讓你隨時都能鬧中取靜。

愈練習，好處愈多

在面對忙碌、壓力、憤怒、焦慮等任何負面狀況與情緒時，我們的反射動作常會是試著克服或改變它們，但這種在第一時間所升起的念頭或採取的行動，往往只是直覺的「反應」，而非帶有智慧的「回應」。

透過不斷的練習，你可以在思緒紊亂、煩躁不安的時候，把心一再地拉回當下。

當你真正把正念融入生活中，不論是在走路、站立、呼吸、傾聽、說話、吃東西、等車……時，都能隨時隨地保持覺知，這就是正念，就是活在當下。當做愈多的正念練習，你就會感覺到愈多的好處。

為了讓讀者快速查閱且易學易用，你將看到全書的五十二個正念習題都以特別的設計標示出來。有些練習也可以把步驟文字錄音後，利用語音方式當作導引，這些練習我們會用這個圖像加以標示。在每一章末尾的「正念小祕方」，則總結了該章的學習重點。

有關正念的所有知識，除非你身體力行，否則它對你的生活不會造成絲毫的改變！來看看賈伯斯是怎麼述說親身實踐正念的重要性：

「如果你只是坐著觀察，你將發現你的心思動個不停；如果你試圖讓它平靜，那只會更糟；但是過了一段時間，你的心思確實會不再躁動。此刻，你便有餘裕聽見更多細微的事物——那就是你的直覺力開始要綻放的時候，而且你會對於事情看得更透徹，更注意當下。你的心雖然慢了下來，但此時你會看見一片驚人的遼闊空間。你所看見的事物會比過去多更多。」——蘋果公司共同創辦人、董事長及執行長　賈伯斯請盡量別匆忙讀完本書。假如你有股衝動想快速往下翻閱，無論那是什麼原因所造成，但都是可以理解的。你只要意識到自己有這股衝動，就讓它自然而然地消逝（你很快就會理解這句話的意思），在那個時刻，你還是要繼續專注在你正閱讀的內容上。有些問題的答案並不總是能在我們認為它們該出現的地方找到，但或許它們此時此刻就在你的覺知中！

PART 1

按下生活的暫停鍵

正念的奇蹟

◆ 認識正念的起源及用途。

◆ 在充滿壓力和忙碌的生活中，正念為何與每個人都密切有關，以及會產生哪些幫助。

◆ 如何踏出練習正念的第一步。

01 世界愈快，心要愈慢

本章重點

- 你不需要改變生活，即可練習正念，並且從中獲益。
- 關於正念的正確認知、誤解與迷思。
- 正念有哪些已被研究證實的好處，譬如如何正向地改變大腦。

提到「正念」，可能你腦中會浮現這樣的畫面：日落時分，在景色如畫的靜謐山中，瑜伽大師雙腿盤坐，面露慈祥和藹的微笑，時間彷彿就此停止。這樣的聯想似乎自然又貼切，但我們要告訴你，正念完全不是這麼一回事。

正念（也可譯為「靜觀」）發源於古老的東方，是來自佛教與禪宗裡一種特別的修煉；而「佛陀」（Buddha）這個字則來自古巴利（Pali，位於印度次大陸）語，是「覺悟者」的意思，它是指某個特定的人，也可以指任何產生覺悟的人。

發源於東方的正念，在某些部分和西方基督教的思想仍有共通之處，例如有名的尼布爾祈禱文說：「願上帝賜我平靜，接受我無法改變的事；願上帝賜我勇氣，改變我能改變的事；願上帝賜我智慧，能夠分辨兩者的差異。」這段話就頗能描繪正念的精神。其他有些文化和傳統也與正念有類似的概念。以古希臘為例，下面這句話看起來就有點正念的味道。

一個人受過教育的特徵，就在於他能包容並接受自己的想法。

——亞里斯多德

「人在，心不在」的分心時代

在這裡，先簡單說明一下「正念」的概念。所謂正念，就是專注當下，把意識放在此時此地，並接受現狀。

隨著歷史的演進，我們也逐漸學習到該如何將正念帶入現代世界裡。近半世紀以來，正念療法更在歐美國家快速流傳，並且再次傳回東方世界。

只是，我們總是處於忙、盲、茫的高壓狀態下，於是我們對於「此時此刻」變得不敏感，也在生活中「缺席」了。

例如，在洗澡時，大腦仍處在開會模式；在工作時，卻想著下一次的假期該去哪裡；在與朋友或家人相聚時，眼睛還不住地盯著手機瞧……這種「人在心不在」的分心狀態，讓人無法專注，雖然身體還在動作著，但意識卻已不在。

正念，正是我們長久以來所失去、忽略並渴望獲得的東西，它能幫助心智進入平靜和專注的狀態，覺察自身的言行，與自己的本心以及周遭的人事物重新產生連結。

這樣聽起來似乎很抽象，但它將對你大有幫助，而且完全免費，因為它需要用到的所有工具全都在每個人身上。你要做的，就是多加練習，如此才能產生持久而積極的影響；（我們要特別強調：要將正念運用自如，持續不斷的練習真的很重要！）而且，我們也不需要完成偉大的成就，甚至做出改變世界的大事才能進行練習，在生活中，任何時刻、任何地點都是練習正念的好時機。

這就是本書所要傳達的主旨。

學會接納，不再勉強自己

身為心理諮商師，我們常聽到一些病患提到他們共同的擔憂與誤解（請看第38頁的「正念跟你想得不一樣」），其中的共通點，就是他們認為如果對每件事無論好壞都照單全收，這樣做事豈不是缺乏原則，既隨性甚至隨便；又或是看待任何事都滿不在乎。誠然，我們需要對可以改變的事情積極採取行動，但也無須勉強自己徒勞於無轉圜餘地的事。換言之，就是要「徹底接納」。

徹底接納不是放任不管，或淪為積習難改的怠情藉口；也並非我們不願解決困境，只能被動接受人生的反覆無常。「接納」意味著我們要寬容看待自身的能力與局限性，同時也發覺存在於生活中無限的希望、創意與可能性，唯有認清並接受現實的處境，我們才能中肯且睿智地評估各種境況，做出正確的決定，並對這個決定感到輕鬆自在。

當我們與不熟悉、可怕或是激烈的經驗奮戰時，要徹底接納它們確實能翻轉我們的生活習慣。這是治癒我們多年來忽略、批判並嚴苛對待自己，以及長期否定當下經驗的一帖必要良方。徹底接納，意味著我們願意去體驗自我和認真生活。徹底接納的時

刻，也是獲得真自由的時刻。

——美國臨床心理學家　塔拉．布萊克（Tara Brach）

我們常習慣在未經思考的情況下，即下意識地做出回應，又或是固守著早該改變的某些老舊觀念。於是，我們很容易把心思用在錯誤的地方，養成反叛、固執或批判的習性，在這種情況下，既無法改變外在的事物，更無法調適自己的內心，因而阻礙我們過更好的生活、成為更好的人，也錯失許多美好的事物。

我們若要以截然不同的方式來經歷和回應忙碌的生活，如上所述，除了心智之外，我們並不需要改變任何事情，包括人、周遭氣氛、外在環境等等。利用正念的訓練，就能讓我們專注於接納當下，不論是正念或負面的念頭，都是被認識、察覺與接納的對象；並且讓自己即使身處在忙亂的生活步調與川流不停的思緒裡，也能做良好的自我調節。

你的心，決定你看見的世界

兩個相似的物體之所以看起來不同，是因為覺察它們的心智不同所致。

——波顛闍利，《瑜伽經》

你瞭解上面這句話的意義嗎？

打個比方好了。假設草坪長出了一株雛菊，對比利來說，它很漂亮，但柏帝卻認為它是枝雜草；比利感到了造物主的奇妙，但是柏帝卻覺得它很礙眼。

人之所以會產生負面的想法與情緒，並非忙碌的生活讓我們疲於應付，而是因為我們對於忙碌生活的感受和反應所致，而進入正念的狀態，能協助我們單純而全面地打開感官，不帶評價地領受當下的所有一切，培養接受現狀的態度。

如果從這個觀點來看，我們可以換個方式來解讀上述的結果：比利感受到愛，不是由於雛菊本身，而是因為他對雛菊的看法造成；柏帝之所以覺得惱火，也非雛菊惹的禍，而是因為他對雛菊的觀感所致。

因此，利用正念就能深入體認到這些真實的想法，並認清情緒背後的成因，然後與之脫鉤，只是站在觀察者的角度純然覺察。不管過去事情「曾經如何」，或是未來「應該如何」，我們都會看清楚它們現在的樣貌。

你想擺脫恐懼、悲傷、痛苦和憤怒，並將忙碌拋諸腦後嗎？請隨著本書一起練習正念，一趟美好的探索之旅即將展開。

在你出發之前，請忘記整理行李這件事，把護照留在抽屜裡，只要好好坐著。換句話說就是：「什麼都別做，坐著就好；這趟旅程只需要你的人在，而且就在此時此地。」

經科學實證有效的正念療癒力

過去數十年來，正念已經運用在許多地方，不只是希望成為「禪寶寶」的一般人感興趣，在醫療、健康照護、家庭和商業等各個不同層面也隨處可見。

舉例來說，世界知名的「正念減壓」創辦人喬・卡巴金（Jon Kabat-Zinn）博士出版過許多著作，也做過一些非常棒的研究，他在美國麻州大學醫學院的內科部成立「減壓門診」，利用正念協助病人處理慢性疼痛。這種正念減壓療法（Mindfulness-Based

Stress Reduction，英文簡稱MBSR）從一九七〇年代晚期開始，幫助許多人舒緩他們的壓力、焦慮、疼痛和疾病；其後該門診於一九九五年轉型為麻州大學醫學院的「正念中心」。

卡巴金博士曾寫道：「大多數人來就診是因為想要放鬆，但當他們離去時，所得到的收穫往往遠超過在一開始所預期。這些『結果』完全無法預測，但它們全都是從冥想（正念）練習中的獲益。」

的確，在我們從事心理學的臨床實務中，也曾經看過許多充滿壓力、心力交瘁的大忙人，不分其年齡與背景，我們都教導他們正念。在練習正念後，所產生的改變和好處都令他們驚喜不已。

在過去幾十年間，有愈來愈多的科學研究，探討正念練習對於大腦、心智、情緒、行為、功能和身體等各方面所產生的功效。這類研究讓我們瞭解到正念能如何有效地幫助人們解決許多困境，像是：憂鬱、焦慮、壓力、精神失常、身體意象（**註：body image，是指我們如何看待自己的外形及評價自己的身體**）問題、藥物濫用、創傷、飲食失調、注意力不足過動症（ADHD）、尼古丁成癮、專注力與記憶問題、自卑、牛皮癬、急性與慢性疼痛、情感問題，以及青少年和兒童的教養問題。

研究也已經證實，正念練習能實際改變並改善兼具認知和控管情緒能力的大腦區域。

有份研究指出，在進行僅僅十一個小時的正念練習之後，研究人員觀察到在受試者大腦的前扣帶腦皮質附近會產生結構性的改變，而此部位與注意力控制有關。

在另一項研究中，受試者在進行為期八週正念減壓課程的前後，分別接受了大腦掃描。與未參加該課程的人相較，研究人員發現在這些參與者的大腦中，與學習、記憶等相關的重要區域，思緒變得清晰，洞察力也增加了。

日常生活中，我們都需要經常使用學習力和記憶力，不論是在上班的途中才突然想到忘了帶鑰匙、確保記得要接小孩放學這類日常瑣事，或是學習使用新的電腦作業系統等技能操作。許多研究都證明，利用正念能有效幫助大腦在這些重要的運作歷程中順利進行。

每個人在日常生活中或多或少都會感受到壓力，也可能會在面對困難、意外或抉擇時不知所措。正念研究人員證實，做過正念練習的人在承受壓力的情況下，往往會採取較多有效的因應之道，也能更有效率地善用時間。即便你的壓力是來自於像罹患癌症這種可怕的事，正念也證明可幫助人們在面對這類情況時，有效管理並減壓。

為什麼我們在「專注當下」之後能體驗到較佳的幸福感呢？在大腦內部較深層所產

生的神經生物學上的變化，可以對此做出解釋。神經學家利用大腦造影技術觀察到，在從事正念練習後，大腦的「威脅系統」會產生變化。位於杏仁核（大腦的這個部位與「戰或逃反應」〔fight or flight response〕有關，它會引發恐懼感，詳見第81頁說明）神經元的反應能力與密度減少了，前額葉皮質區的活動則增加了，該活動有助於控制情緒，繼而減輕壓力。

其他探究大腦電位訊號的研究亦證實，持續不斷的正念練習能增加α腦波活動，讓人放鬆並減少焦慮。科學家利用腦部掃描技術，也證實在做完正念練習後，大腦會發生結構性的改變，亦即大腦的不同區域間會產生更多的連結，名為「髓磷脂」（**註：神經元外側的脂質，具有保護和絕緣的作用。當中樞神經系統故障時，此絕緣脂質就會降解，損害主體的感官、行為、認知等功能。**）的保護性神經組織也會增加，這些結果對於健康的大腦功能都非常重要。

因此，正念可以幫助我們管理情緒和壓力，這不只是因為我們獲得了片刻的平靜，事實上大腦裡也正在發生變化。看看下面這段話：

身心的改善源於大腦結構的變化，這不僅是因為「花時間放鬆就會產生良好的感覺」

那麼簡單。

——美國哈佛醫學院神經學家　莎拉．拉薩（Sara Lazar），麻州總醫院精神科神經影像造影研究計畫

除了有益心智之外，還有愈來愈多的證據顯示，運用正念也能提升免疫系統功能，製造出更多抗體，幫助人們不需要借助止痛藥物，就能更有效地管理疼痛。不論是罹患風濕疾病、背痛和頸部疼痛等，都能降低疼痛程度。

此外，研究也證實正念對於一般的睡眠問題、體重管理、戒菸，以及戒除其他壞習慣很有幫助，亦能大幅提升注意力、創意，以及在事業、運動等方面的表現，並且讓我們對日常活動的許多層面，包括工作，以及與朋友、同事和摯愛人們間的關係等，都能感到滿意。

正念跟你想的不一樣

在你開始練習正念之前，我們想要先釐清一些關於正念常見的謬誤和迷思。即使像

我們這些資深心理師已練習多年，有時候仍得努力避免陷入這些錯誤。

以下主要是直接切入重點的簡單說明，所以別擔心這裡解釋得不夠詳細。當你繼續往下閱讀並開始進行練習時，文中會提到所有該注意的事，也會有更進一步的闡述。

正念不只是沉思冥想

跟一般人的假設和看法完全相反的是：正念並非只是沉思、冥想、靜坐，這些的確是培養並加強正念成為生活方式的方法，但更重要的，是正念能讓你對自身及周遭環境都懷抱慈悲、好奇、同情與接納的心態。

此外，真正的正念是即便在極度忙碌的狀態下也能進行，無論你身在何處、正在做何事、扮演何種角色，也不論你正跟誰在一起，都不會有所影響。

正念不受時間與環境限制

許多人常用的藉口，就是他們沒有時間練習正念，但事實並非如此，而這也是本書想要破除的迷思之一。

正念取之不盡，用之不竭，它時時刻刻都與你同在，即使在你閱讀這本書的當下也一樣。在你進行的日常活動中，譬如用手機查看和傳送電子郵件、穿衣服、刷牙、洗澡、排隊或是等車的任何時刻，隨時都能進行練習，因此你根本沒有藉口不付諸行動。

人們也常抱怨自己太忙了，或是周遭有太多干擾和難搞的人，所以他們得找個安靜的地方，遠離這一切才能練習正念。這種說法也只是推託之詞和慣性的思維模式所致（在第二部會有更多的討論）。即使身處嘈雜或惡劣的環境時，你仍然可以發現原來有很多事物值得我們留心。你不需到遠離塵囂的深山靜林或佛寺廟宇裡閉關禪修，只要打開覺知的天線，你會發現在任何地方都可以獲得心靈的靜修，而正念就是一種隨遇而安的心境。

正念不只是身心放鬆

雖然正念練習無疑將帶給你更深層的放鬆與平和，還能提升你的身體功能、表現、產能和創意，但這些全都只是練習正念所帶來的意外收穫。

也就是說，身心放鬆以及上述的諸多改善功效，並不是我們練習正念時要達成的目標，它們或許是會自然產生的副產品，但並不需被刻意強調。但從另外一個角度來看，如果我們能放下「期望能放鬆或感覺更好」的執著，這些伴隨副產品而來的益處，倒也可以算是一種收穫。

嚴格來說，正念並沒有所謂的標準流程，也沒有終極目標或是結果可言。正念就是一種「邀請自己踏進生活中」的實際練習，在這些練習中，我們要培養覺知，盡可能有意識地開放心胸，接納自己的狀態與身處的位置，讓自身能面對諸多不如意和逆境。請牢記此事。

正念不是逃避現實，或只有正面思考

在早期，這是非常常見的錯誤觀念，我們也常從那些超級成功和忙碌的案主口中聽到這樣的說法。

正念談的是面對現實，認清自己的想法，並檢視自身與生活經驗的緊密連結。藉由練習，你會更瞭解自己，並與他人維持更好的關係。

正念也非凡事都只往好的一面想，避免去看負面的「正面思考」；正面的「正」不是「正向」或「正面」，而是「不偏不倚」，是要你帶著覺知，真實體驗當下的每一種感受，清楚情緒是變化無常的，並利用看見、理解、繼而接受的進程，接受每一種念頭與情緒。

如此，你將開始接納現實生活中的一切，並懂得處理任何時刻所產生的感受，也會出現許多不同既往的選擇和想法。在這樣的情況之下，你就能有最佳的機會，以最有利的方式行事，並且在任何情況下都能勇往直前，進而使美夢成真。

正念不是自私與偷懶

許多人會覺得如果花費時間練習自我成長，是自私又懶惰的行徑。他們認為必須先把每個人、每件事都打理好，才有心思與餘力照顧自己。這種說法其實又與正念的理念不符了。

首先，正念要付出心力，並要遵守許多規範。藉由每一種練習，可以觀察到那些經過數年，甚至是數個世紀藉由強化所得來的習慣（這要追溯到原始人的時期；參見第81頁），而且這些習慣是可以改變的。

其次，假如我們要將每件事都先打理好（事實上這是永遠不可能達成的），才能抽出時間關照自己，那麼我們很可能會過勞、筋疲力竭，也無法再多花些心力在我們所重視的人、事、物上。

正念不是要清空思緒

認為「正念是要清空心中的所有念頭」，這是對於正念的斷章取義。正念的要義是接受現狀，接受自然發生的事情，完全無所偏好或取捨。

在正念練習的過程中，被思緒干擾分心是無可避免的，但這並不代表你失敗了。事實上，要完全放掉雜念是不可能的，但察覺到自身的想法卻是可以做到的。在某個特定時刻，萬一念頭或感覺突然出現，你要能意識到此事。

透過不斷的練習，出現雜念的機率會愈來愈少（我們要再次強調，正念沒有捷徑，關鍵就是一次又一次的練習），你也能更加專注。

正念無法速效解決所有的問題

雖然從你一開始練習就能充分體驗到正念的好處，但它絕不保證你能擺脫或是消除生活中不美好的經驗。

或許在進行正念的同時，或是在練習之後的生活中，你還是會覺得沮喪、失望、氣餒、有壓力、心灰意冷，甚至焦慮，但在學習擁有覺知和接納自身後，當你面臨困境時，會覺得比較不那麼難挨；而且體驗到不順心的感覺次數也將日益減少，程度亦能愈來愈輕微。

活得簡單，隨遇而安

有了這本書當作指導手冊，你在每一天都能充分練習正念。你也必須下定決心，對生活抱持開放、接納和好奇的態度，將正念融入到正在做的每一件事情中。

要讓生活步調慢下來、遠離壓力包袱、提升工作效率等等，或許已經不易，要活得簡單更是困難。利用每天的正念練習，我們保證除了能讓你擺脫上述因為壓力、忙碌、過勞所帶來的「文明病」之外，那些原本對你來說是平淡無奇且日常的例行事務，也能使你產生不同的感覺。你會對生活所呈現的美好感到驚奇；你也將注意到以前未曾留心的事物，並且從你認為不可能喜愛的事情中體驗到更多的樂趣。

尋求真理和理解的旅程，最終將帶領一個人找到自己的本心。

——英國啤酒集團創辦人　班傑明・格陵（Benjamin Greene）

在此，我們先用三個清楚的重點，將正念會帶給你的好處做個總結。你將擁有：

一、意志力、幸福和效率。

二、減壓、靜心，以及更多的祥和與平靜。

三、更多的生命意義、滿足和喜悅。

正念小祕方

- 你不需進入深山靜林中閉關修行，在任何地方都能練習正念。
- 我們每個人全都同病相憐，大半時間都忙著汲汲營營，活著比較像是在「做」人（human-doing），而不是在「當」人（human-being）。
- 有許多無濟於事的迷思會妨礙你練習正念。不要想太多，「做」就對了，
- 正念能解決許多難題，並大幅改善生活中的忙、盲、茫。

02 你到底在急什麼？

本章重點

- ❖ 探究你無法停下忙碌的腳步，一刻也不得閒的原因。
- ❖ 一心多用不僅勞心耗神，也更容易讓人出錯。
- ❖ 正念如何幫助你關掉慣性的自動導航模式，從全新的角度看待生活。

想想看，你有多久沒有好好坐下來吃飯、沒時間投入在自己的喜好上、忙到許久未和家人或好朋友聊天，失眠、壓力大、情緒暴躁更是家常便飯。這些情形，代表你可能真的身陷「時間飢荒」中，做任何事都認為「快就是好」。然而一旦停止忙碌，你又擔心自己無法體會生活的樂趣和幸福，甚至可能還會質疑自己究竟為何而活。

當你忙到像無頭蒼蠅一樣心亂如麻、思緒紛擾時，內心也會隨之急躁，無法專注在一件事情上；因為焦慮與壓力的驅使，也會讓你無意識地做出一些反射性的舉動與行為，對事情無法深入思考，進而感覺凝滯遲鈍。如此，我們不但對負面感覺產生麻木，也會無法感知到快樂、滿足與幸福的正面能量。

「忙碌」這種病

忙碌與壓力是我們生活中不可避免的部分，尤其對於現代人而言，由於科技日新月異，讓生活中有愈來愈多的壓力達到新高點，且日以繼夜從不停歇！

人類發明了愈來愈多更聰明、更快速的技術，能輕易完成繁複的工作，但實際上我們是創造了一個資訊超載的駭人世界，也將自己關進壓力日增的牢籠中。

我們每天都花費許多時間匆忙地處理諸多工作，試圖完成每一件事，不停發送電子郵件，處理我們的待辦事項……而且在例行事務之外，人生時不時會丟給我們許多考驗，像是無可避免的低盪情緒和偏離常軌的突發事件要處理。這些事通常來得毫無預警，出其不意，更可能造成生活的巨變，且難以應付。譬如所愛的人生病或過世、我們遭受意外傷害或生病、失戀，公司突然裁員，又或是住家失火、車子遭竊等。若沒有出現這些令人措手不及的偶發事件，我們似乎都忘了得為這些臨時或意外的狀況預留空間。

在忙碌的生活中，我們就像一隻在輪圈中無止盡奔跑的老鼠，很快便筋疲力竭、心力交瘁、壓力指數破表，而且身心也容易出現問題，更別提生活品質和成就感大為降低。

匆忙，有時指的不是速度，而是心境。那麼，如何才能讓心慢下腳步？

大忙人的心靈整理術

正念能讓我們注意到自己對於任何特定時刻會如何做出反應。它可以給予我們一個必要的空間，讓人在裡面站穩腳步，並保持堅強。正念還能提醒我們，其實平靜和穩定感一直都在，無論生活如何忙碌，它此時此刻就存在於我們心中。

正念也教導我們如何與當下產生連結，並且在緊張忙亂和壓力日增的世界中，如何培養並強化這種關連性。

我們泰半都靠體內慣性、無意識的自動導航系統過生活，正念可以幫助我們跳脫這種模式。這是一種新奇且有意義的方法，它能讓我們：

- 減壓和放鬆；
- 在面對無可避免的日常壓力時培養韌性；
- 激發創意，提升表現和效率；
- 充分利用身體和心智能量的資源；
- 打造出我們所期待有效益、有效率、有意義也有趣的世界。

你能夠想像以更加放鬆和從容的態度來完成所有的待辦事項嗎？你想賦予生命更多的意義與價值嗎？

透過正念的轉化力量，你將能找到些許祥和、平靜，以及更大的幸福感、更高的生產力，對生活也更滿意。

練習01

你的大腦能多工處理嗎？

請閱讀以下的仿宋體文字。你必須從頭到尾數「的」出現的次數，而且在閱讀時同時計算，每個字讀完後就不能再回頭重數，也不可以記在紙上。如果你恍神了，或是並不是百分之百確定你算得是否正確，那麼你就必須全部從頭開始再讀一次。而且，我們向你保證，這種事至少會發生一次！

研究一再指出，大約有八十％的人經歷過狂暴和煩亂的想法。這些想法很可能是因為大腦所產生的自動聯想所導致。換言之，這並不表示一個人之所以會有產生這些想法的大腦是性格所致。這個觀念跟傳統治療概念中，認為潛意識具有深層的邪惡意圖，形成了強烈的對比。由於那種唐突的想法很常見，所以想要盡力讓這些想法消失是沒有道理的。

你的答案是：＿＿＿個

結果如何？或許你會覺得有點受挫吧？告訴你，答案是八個。

要同時專注在兩件（或更多件）事情上並不容易，對吧？所以，想要擺平壓力、不貿然躁進、做事能更具效益、效率與專注力，就請勿一心多用。

今天開始，用一個小時，甚至幾分鐘的時間也可以，試試看一次只做一件事。當你繼續往下讀時，就可以嘗試看看。別急著去數有幾個「的」、別看你的手機、也別喝咖啡，看看你是否真能一次只做一件事。

正念小祕方

- 注意到忙碌可能是自找的，或許你正為自己製造更多忙碌而不自知。
- 瞭解自己平時是靠著體內自動導航系統，無意識地生活著。
- 試著不再一次同時做好幾件事，因為一心多用只會讓你承受更大的壓力，並且更沒有效率。

03 覺知的力量

本章重點

- 進一步探究正念更深層的定義。
- 認識心智令人驚訝的部分。
- 瞭解如何練習，並開始練習正念。

「正念」這個詞對許多人而言或許有點神祕，很心理學，而且陌生或太過抽象，或者甚至有點像是無稽之談。這些想法或誤解都是能被理解的。

但其實你對正念一點都不陌生，無論你現在是多大年紀，又或是做什麼工作，你也不需要學習或是用特定的方式才能有所體悟，它時時能與你同在（包括在你讀這本書的此時此地也是如此），更可能你早就已經體驗過無數次了。本書要教你的，就是加強和培養更多的正念。

在當下的選擇，累積成你的人生

以下幾個詞彙可以大略說明「正念」的意思，也可以與「正念」這個詞交替使用，包括：覺知（awareness）、意識（consciousness）、認識（acknowledgement）、觀察力（observation）或專注力（attention）。

正念不是你拿在手上的一個物體或東西，而是種生活方式，上述這些字甚至比「正念」這兩個字更容易理解和描述。你也可以自行決定任何你認為適合的字，這件事並不是真的那麼重要。

正念就像是出現在你生命中、點燃你豐富生命舞台上的璀璨燈光，能照亮每一件正在發生的事，也讓你能夠深入觀察並樂在其中。而正念的宗旨則是請你帶著不設限的好奇心和接納的態度，以有意義和特殊的方式產生覺知，讓你以可接受的方式跟你擁有的所有經驗產生連結，並將專注力放在當下。在當下你所做出的選擇，也累積成你的人生。

只要回顧你覺得最快樂、最有收穫、最有意義的時刻，就是你專注當下的時刻，那也是個如釋重負、平心靜氣、思路清晰，且幸福無比的美麗境界。

大多數人認為，當他們在做運動、彈奏樂器，或是身處靜謐的環境（比方在沙灘上觀賞日落）時，都曾有過這樣的經驗。有些人則說在跟小孩子玩遊戲時，也曾產生這種體驗（事實上，孩童的專注力能讓他們成為很棒的正念老師）。在這些情況下，可能你都曾完全投入在當下的經驗中，甚至完全忘記了時間，而且你所關心和擔心的事也似乎都被拋到九霄雲外。

這些行為就是「正念」：將念頭只放在要專注的事情上，哪怕只是吃飯、如廁、走路等這些日常的小事上。當你非常專心致志地做自己想做的事情，而且在過程中也很享受，就能持續感覺到快樂，體悟到真正的幸福。

有時候你唯一能搭乘的交通工具，就是憑著信念，縱身一躍。

——瑪格麗特・薛珀（Margaret Shephard）

不判斷、不評價、不期盼

正念練習有許多形式，但是基本上，要培養訓練有素的覺知仍有共同的原則。或者你也可以說，那是一種觀察和體驗「聚焦式專注力」的過程。

西藏喇嘛兼學者邱陽·創巴（Chogyam Trungpa）仁波切曾寫過關於正念的一段文字：「正念就像是一部顯微鏡；它對於我們在鏡頭下所觀察的微生物而言，既不是攻擊也非防守的武器。顯微鏡的功能只是要清楚呈現存在於鏡頭下的事物。正念不須涉及過去或未來；它完全是指現在……覺知就是觀察正念……所以正念和覺知兩者齊力讓我們接受現下的生活情況……生活現況是覺知和正念的食糧；若沒有生活中的高低起伏，我們便無法沉思冥想。」

一位名為蒂絲代爾的正念研究人員，和他的同事則曾描述正念的本質就是一種存在的狀態：「完全活在當下，無須對它提出批判或評價，不須省思過去，也不須期盼未來……而且不必試圖去『解決問題』，或避免接觸現下任何令人不悅的事情。」

正念的中心思想是對自己和周遭的世界抱持接納、慈悲及不設限的好奇心（稍後會更詳細地討論這幾點）。它不是要你改變自己，而是要接納自己是誰，以及你在特定時刻的經驗。

正念也是一種訓練心智的方法。我們的心智分為思維（thinking mind）與覺知（awareness mind）。其中，思維是透過大腦產生的一種生理活動，是簡單的思量，但它通常是機械性的思考，無意識的反應模式，同時也會影響個人的情緒與價值觀。

而覺知並不等於「知道」，它只會注意和感知到有什麼、是什麼，而不會產生想法、意見或判斷，它能幫助你並不囿於心中既定的設想，以不帶任何評價的方式，更全面地看清人事物的真實樣貌。這部分的你能感知且察覺到「自己正在思考」；這時候的你，也能從思維心智中解脫，傾聽腦袋裡的聲音，注意固定而重複的思考模式是如何影響著自己，進而變成一個「觀察思考者」（針對思維與覺知這兩種心智模式，在第六章還有更深入的討論與練習）。

經過數個世紀的演化，我們的腦容量已經比遠古的祖先增大許多。我們現在被分類為「智人」，基本上這可以解釋為：有覺知能力的人類，意識到自身是有覺知的。但遺憾的是，現在我們幾乎已不使用覺知。我們的確有能力自我覺醒，但是卻將大部分的時間花費在匆忙急迫、吃東西狼吞虎嚥、飛奔逃離不想接近的事物等種種衝動行事上，凡事只憑直覺，一點都沒用上覺知力。這些行為舉止，完全無異於數萬年前還住在洞穴裡的原始人。

覺知，就是正念的核心本質。請你先花十秒鐘的時間做下面的練習，它將有助於你區別思維和覺知間的差異。是的，只要十秒鐘。

練習02

覺知VS.思維

1. 閉上眼睛十秒鐘，試著去留意並辨識身體的感覺，包括身體跟你所坐、臥或站有所接觸之處。或許是臀部或背部接觸椅子或床鋪時的感覺；如果你正站著或坐著，則是腳底接觸地板的感覺。
2. 不要一直想著這種感覺，只要讓自己對此感覺有所察覺就好。換言之，就是將它留在你的覺知中，專注在這件事上，讓它位居你心智的首位。就是這樣。
3. 萬一有任何想法進入你的腦海中（或許是與你身體有關的念頭，也可能是你想到必須要完成的事），只要知道自己有這些想法，便將專注力重新拉回到身體的感官知覺上。
4. 在你繼續往下讀之前，現在先讓自己專注在這種感官知覺上十秒鐘，全心放在覺知上。不必計算做這個練習到底花了幾秒，只要知道大概的時間即可。在這幾秒鐘裡，試著全神貫注在上述的身體感官知覺上。

在練習時閉上眼睛可能會有幫助。

在上面的練習中，你注意到什麼？你注意到的是身體裡的感覺或心中的想法，還是兩者皆有？大多數人在做這項練習時，能更察覺到自身的「覺知」（以此練習為例，是指「身體裡的感官知覺」），而且也注意到「覺知」與「思維」之間的差異。

假如你在覺知中無法停留到十秒鐘也無須擔心，因為那並不是這個練習的目的。我們的注意力會在覺知中進進出出，有時候我們的思維會占上風，有時候則會由覺知所引領。就像專業的舞者或運動員，他們都被訓練成在出場時要獨占鼇頭一般，我們也必須訓練自己的心智，以提升專注力，並更加警覺。而這是需要練習的。

人們常說，當他們身處於覺知時，會覺得放鬆、沉靜或是平和。原因是在我們的「覺知」中，並不具任何想法，因此也不會產生壓力。處在覺知與思維中，就是要去體會「當人」（human being）的感覺，而不是要求自己「做人」（human doing）。也就是說，我們只要單純地活著，專注在當下，而不需在當下做任何事做任何反應。

當你進入覺知時，請記住，這並不是一種放鬆的練習（如果你的確感覺到放鬆，那只是個意外的收穫），而是一種心智的鍛鍊。

這種訓練，能讓我們察覺並感知到各式各樣的事物（當然也包括你的心智），並體驗到其美妙之處。此外，我們也可以將正念融入忙碌的生活中，但不需要做任何改變；也就是說，我們可以在凝聚注意力並專注於覺知的同時，讓所有事物仍保持原狀。

當你保持覺知，安定自若，這種什麼都不做的情況，可能會讓你覺得有點奇怪，別擔心，這是完全正常的。

假如你在進行練習後並未產生上述的任何情況，現在，再試試下面要介紹的呼吸吐納練習。

呼吸讓你靜心與身體對話

在正念練習裡，我們非常鼓勵大家要注意當下的呼吸。事實上，當我們身處在紛擾不堪的環境時，呼吸真的是一個能與自己重新產生連結的好方法。呼吸總是與我們同在，這是在我們混亂的生活中唯一確定會擁有的東西（除了死亡之外）。

呼吸永遠會持續不斷地進行，我們不需要花費心思去想它，它是我們親愛又可靠的老朋友。因此，你可以利用呼吸隨時練習正念。

當我們被時間綁架時，會承受莫大的壓力，心思也會隨著擔憂、焦慮、恐懼、挫敗的想法愈飛愈高，逐漸失控，最後不知去向。隨呼吸產生的覺知會讓我們感到穩定、心安，我們可以利用它將自己「固定」在當下的現實生活中（就像我們也可以與身體裡的感覺同在一樣），尤其是在面對極度困難的挑戰或重大災難時，呼吸的練習會更有幫助。

練習03

只要兩分鐘的觀息法

建議先將步驟用語音錄下來，之後邊聽邊練習。

1. 閉上眼睛，或是將視線焦點放在你前方靜止的物體或某個點上。
2. 現在，專注在呼吸上。
3. 你不須以任何方式調整或改變呼吸的速度。只要把注意力放在呼吸上，並保持自然的節奏和感覺。
4. 看看你能否注意到吸氣時，冷空氣上升到鼻腔中的感覺；以及呼氣時，溫暖的氣息離開鼻腔的感覺。

5. 注意吸氣時胃部的上升，以及呼氣時胃部的下降。
6. 就是這樣，現在你的呼吸正以它自然的節奏和感覺在運作。
7. 把注意力放在此刻的呼吸上。
8. 繼續專注你的呼吸，全神貫注地順應呼吸的起伏。
9. 密切注意每一次的吸氣，從開始到自然結束。
10. 密切注意每一次的呼氣，從開始到自然結束。
11. 看看你能否注意到在吸氣要轉換成下一次的呼氣之前，每次吸氣結束時的暫停。
12. 看看你能否注意到在呼氣要轉換回下一次的吸氣之前，每次呼氣結束時的暫停。
13. 現在讓你的呼吸在覺知中位居主導的地位。
14. 你在呼吸時可能會分心（這是正常的），你可能會因為雜念、聲音、感覺的干擾而閃神，只要注意到自己分心了，就慢慢將注意力拉回來，再次專注在呼吸上。注意，就是這個呼吸、這個時刻，就是此時此地。讓你的呼吸自然地以它的感知和節奏，在覺知中居於主導地位。
15. 在經過幾次用心的呼吸練習之後，睜開眼睛，觀察周遭的一些物體，並繼續專注在呼吸上。看看之後當你進行其他的日常作息活動時，是否還能一如之前練習時，仍保持覺知。

做完練習後，你感覺如何？是不是並不如原先設想的那麼糟？如果很糟，你注意到什麼，是哪些原因讓你覺得困難？注意力很難集中嗎？有哪些期待或想法妨礙了你呢？你很努力卻仍做不好嗎？

當你感覺壓力山大、忙到不可開交時，我們非常鼓勵你利用這種練習法時時專注在呼吸上。你可以發現在那個當下，自己會感受到平靜與安寧，不再有壓力，也不再心煩氣躁，只有清晰的思緒，停留在呼吸的覺知中。

心智難以駕馭，且很受限，它很難長時間專注，但是正念有很棒的方法可以訓練這一切。正念是一種修煉，也很單純，雖然不總是那麼容易，但透過本書介紹在日常生活中隨手可做的諸多練習，你一定會感覺到靜心所帶來日起有功的潛移默化力量。

正念小祕方

- 當我們不斷產生各種思維時，正念能幫助我們不去受思緒內容的干擾，而只單純且清楚地覺察到自己「正在產生思維」這件事。
- 正念能培養心智中被稱為「覺知」的部分，而這就是感知當下的關鍵。
- 「察覺呼吸」是一種很棒的正念練習，當你感覺快被壓力擊垮時，它能幫助你與當下重新產生連結。

PART 2

你可以忙而不亂

狂亂的世界，就存在大腦裡

◆探究我們分身乏術、無暇他顧的原因。

◆如何在不改變周遭事物或生活環境的前提下，創造出更多時間。

◆為什麼我們會有壓力，又如何才能減壓。

◆檢視「忙碌」對你的意義。

04 為心靈鬆綁

本章重點

- ❖ 找出導致忙碌與壓力真正的原因，以及使它們加劇的因素
- ❖ 運用一些簡單的洞察力和技巧，達到減壓和放鬆的目的。
- ❖ 與其冀望忙碌疲累的情況能有所改變，不如多花點心思想想如何才能忙裡偷閒。

如果你希望讀完這本書後，就能立刻日理萬機，處理千頭萬緒，把你手邊堆積如山的所有雜事做完；或是獲得完美的工作、家庭、伴侶、健康、存款，那麼很抱歉，恐怕你要失望了！

我們不是要提供你一個能解決所有壓力和忙碌的速成法，也不是要給你一張輕鬆通往永續快樂的單程車票。事實上，正念並不是通往這些目標的捷徑。但是我們可以保

證，你投資在練習正念的所有時間絕對是值得的！

你或許會想：我當然知道絕不可能就此立即如釋重負，從此過著平靜快樂的日子。但在產生這種體悟的同時，你是否也曾真誠面對自己，剖析生活，試著思索生命中所有出錯的地方呢？

或許，你根本沒仔細想過，只是一直活在幻想與美夢中，希望能毫不費力，事情就此幡然改變，然後從此能過著幸福快樂的生活。

又或者，你總是日復一日地埋首苦幹，希望能藉由勤奮不懈而完成所有的事，這樣你就能一勞永逸地杜絕生活中所有的壓力與忙碌。

我們這些大忙人似乎總是期望能生活在另一個完美、幸福又平靜的時光和場所裡，於是窮盡精力四處尋找這樣的烏托邦，卻仍徒勞無功。這種執念讓我們感到挫折、做事效率不彰、生活停滯不前，而且也耗費時間。

現在，該是你放下執念，誠實面對自己的時候了！

練習04

你的心還在不在？

你是否曾期望生活能放慢腳步，讓自己喘口氣？當你努力要完成永無止境的待辦事項時，是否經歷過以下任何一種情況：

- 在談話時恍神，或忘了別人剛剛才跟你説過的話？
- 到了目的地，卻渾然不知自己究竟是如何到達的？
- 匆匆忙忙用餐，卻未真正細細品嚐食物？
- 花在手機或網路上的注意力，遠勝於對你的同事、朋友或家人的關注？
- 沉浸過去，或擔憂未來？
- 對於本書囫圇吞棗，匆匆翻閱？

假如在上述情況中，你有任何一題，甚至全部回答「是」，就代表你一直麻木而機械化地在過著生活，也太沉溺於幻想中，這將使你更心煩氣躁，也更無法知足常樂。這些無意識的行為都是在提醒你，你常不自覺地瞎忙卻不自知。

以下六個問題，是上述練習的延伸。

練習05

檢測你的「身忙心亡」指數

一、你能不被生活所控制嗎？

- 當心中有些一閃而過的想法時，會對你造成困擾嗎？
- 當你每天被忙碌追趕時，是否曾留心周遭的世界？
- 你是否曾停下腳步，留意並關注自身的身心感受與渴望，例如：食物、水等物質需求，或培養慈悲、專注力等心靈特質？

二、你會如何避免或暫離生活中的忙與盲？

- 你是否嘗試做更多的事，只希望一切困難都能立刻迎刃而解，然後你就能徹底解脫了？
- 你喝更多酒，或是抽菸，甚至是利用藥物，幫助自己減壓，並藉此忘卻並擺脫痛苦和壓力嗎？
- 你會利用看電視打發時間，或是避開你所愛的人，以免產生更多的口角和壓力嗎？

三、你害怕失敗或是被批評嗎？
● 這種想法會導致你在做每件事時都盡可能臻於完美嗎？
● 你對別人的要求總是來者不拒嗎？

四、你只專注在會令人擔憂和有壓力的想法嗎？
● 你的心思總是圍繞在「應該要做什麼」、「還沒有做什麼」，或是「哪裡不夠好」，以及「應該要做得更多、更好」等各種會感受到壓力的念頭上嗎？

五、你滿腦子都是關於忙碌的抱怨之辭嗎？
● 你不斷對自己和任何能聽你說話的人，叨唸著自己有多忙、人生有多不公平、壓力有多大嗎？

六、你是否曾真正思考過生命中對你最重要的事？
● 你所「製造」出來的忙碌，對身心的健康、幸福、活力，還有人際關係，產生了哪些影響？

●當人生走到終點時，你希望別人記得你什麼？是一個忙碌和壓力大的人，還是一個懂得關心別人、友善的、有效率的、冷靜的、慈悲的人呢？

為了喝咖啡而喝咖啡

當我們好不容易有五分鐘的空檔可以喘氣休息時，通常大腦還是會閒不下來，惦記著接下來該做什麼，或是回想曾發生過的事，抑或擔憂未來。正因如此，我們也虛耗了能讓自己靜心的時刻，比如，享受喝杯咖啡或下午茶的悠閒時光。

有多少次你坐下來，真的就只是為了單純地喝杯咖啡呢？

我認為花時間獨處是非常健康的。你必須知道如何獨處，並且不讓另一個人來定義你。

——愛爾蘭作家　王爾德

下一個練習的目的，是開始教你如何將正念融入日常活動中，譬如喝咖啡這件事。它將證明你能打破心不在焉、視而不見的舊有習慣，過更有意義且愉快的生活。

你可能會說，這只是喝咖啡／喝茶（或是從事其他休閒活動）的短暫休息時間，跟「正念」有什麼關係？這與「喝咖啡」這件事的確無關，我們是希望你能藉由這個經驗，認識並進而接納覺知，練習「為了喝咖啡而喝咖啡」。也就是在你忙碌了一整天後可以放鬆一下，讓忙壞的大腦放空發呆，或短暫地做個白日夢。如果你不喜歡喝咖啡，也可以改用其他飲品或其他方式來練習。

當你在公共場所專注地喝咖啡時，別擔心有人注意你正在做的事，他們只會覺得你是在沉思。其實這也是他們常偷偷在做的事，只是你還沒開始付諸行動而已。

在你嘗試之前，以下是進一步的提示：

- 萬一在練習時突然浮現任何雜念或感覺，不論是關於你正在做的事、對於這個練習的任何評斷或意見、關於對這杯咖啡口味的偏好，還有假如其他人看到你會怎麼想，又或是其他任何不一而足的想法。你只要注意到有這些想法的存在，就將注意力再度拉回當下，專注在「你正在喝咖啡」這件事上即可。

- 記住，擁有喝咖啡的經驗並沒有什麼標準程序，唯一的目標就是注意這個過程，然後把它變成自身的一種經驗。
- 所以，現在就去泡杯咖啡（或進行任何可以讓你放鬆的活動），然後進行練習。
- 你可以將這些練習步驟的文字錄下來，再利用語音導引的方式來幫助你做練習。

練習06

享受悠閒的午茶時光

建議先將步驟用語音錄下來，之後邊聽邊練習。

1. 首先，用雙手捧住咖啡杯（假如你平常就會這麼做，那就試著換個方式來拿杯子）。留意杯子以及杯內咖啡的重量。注意手掌和手指接觸到的杯子熱度。
2. 留意自己正注意杯子的重量和溫度。先是咖啡杯的重量與溫度這件事，然後是你正在注意它的這件事。專注在咖啡杯的重量與溫度上。
3. 別擔心你是否能充分或正確地感覺到重量或溫度。記住，重量和溫度並不是重點，重要的是你當下的覺知與接納。
4. 將咖啡杯靠近你的臉，並注意咖啡所散發出來的香氣。當味道飄散在你面前時，用力將它吸進鼻子裡。

5. 練習過程中，你會閃神或是分心是很自然的事，當這些情況發生時，只要慢慢將注意力拉回至當下，專注在咖啡以及你的感覺上即可。

6. 現在，當你把杯子湊近嘴巴、期待啜飲第一口時，注意身體、手部和嘴唇的動作。

7. 把心思放在上述步驟的動作上，並覺察到你正在注意身體、手部和嘴唇的動作。先是正注意你的身體、手部和嘴唇的動作這件事，然後是你正注意著這些動作的這件事，並且專注在身體、手部和嘴唇的動作上。

8. 現在，就在你喝一口咖啡後，留意溫暖的液體進入口中的溫度，以及身體所產生的任何生理反應。

9. 注意並細細品味咖啡的味道。

10. 覺察到你「正在注意咖啡的味道」這件事。

11. 在你嚥下咖啡之前，注意想要吞嚥的本能反應。當你嚥下後，留意身體裡多了一口咖啡的重量。

12. 現在，在你喝下一口咖啡之前，注意到這中間的間隔。

13. 進行上述步驟後，你會發現自己喝咖啡的方式改變了。但實質上你並未改變，它依然只是單純地在覺知。

14. 萬一你閃神或是分心了，只要慢慢將注意力再拉回至當下，注意咖啡以及你的五感知覺即可。

花太多時間擔心「沒時間」

當生活像高速的陀螺在忙碌的事物中打轉時，不管是真忙、瞎忙還是窮忙，都會覺得時間就是不夠用。然而，時間對每個人都一樣公平，它每天都以同樣的步調前進。雖然我們總是感嘆韶光易逝，歲月如梭，卻仍不懂得活在當下，或是真真切切去體會時間無法重來這件事。大多數人也都不擅長有效利用時間，總是將時間浪費在「時間過得太快」這件事情上，惶惶不可終日。

以下述案例中的珊卓為例，她就擔心沒有時間留給自己。她像我們一樣，有很多事要處理和照料。但是她太沉溺在擔心中，而沒有掌握到問題的重點。其實她大可以有很多屬於自己的私人時間。對我們每個人來說，情況也是如此。

正念案例

忙到沒時間與自己獨處

當珊卓來做治療時，她淚眼汪汪，而且看起來筋疲力盡。她很忙、超忙、忙得不得了。她必須把時間分配給她的先生、三個孩子、工作和朋友。她說她很努力地不要遺漏掉任何人，而且為每一天都做了詳細的規劃，這樣她才能撥出時間給她覺得值得的每個人和每件事。但令人沮喪的是，她覺得都沒有時間留給自己。

她幻想能洗個很久的舒服熱水澡、上美容院整理頭髮、去逛街血拼，或是窩在沙發裡看書，但是她想得愈多，只會讓心情更煩躁，覺得自己更忙，恨不得一天有四十八小時。

事實上，珊卓花了太多時間在擔心她「永遠都沒空」這件事！她永遠都在等待沒有人要求她做這做那、她可以花時間在自己身上的那個時刻。事實上，每分每秒，無論她是否正和其他人在一起，她永遠都有可能和自己獨處。

時間就像川流不息的河水，不可能為任何人停下腳步。唯一能讓時間慢下來的方式，就是放慢你的生活步調，然後用心珍惜、體會每一刻。如此，你便能好好管理時間，懂得如何將時間分配在有用的事物上。

利用正念，你可以學習將覺知帶入日常生活中，並感受到你能擁有足夠充分的時間與自己相處。無論你身在何處、正在做何事，又或是跟誰在一起，你都會驚訝地發現，其實當下「你」竟然也在！

你可以在心裡默答以下練習的簡短問題。這個練習將有助於你活在當下，並把專注力放在自己身上。

練習 07

再忙，也要跟自己相處

- 我現在感覺如何？
- 我現在是如何站立、走路和坐著？
- 我的身體現在感覺如何？
- 我現在正在做什麼？

● 我現在正在想什麼？
● 我在此刻真正需要的是什麼？
● 對我而言，真正重要的是什麼？
● 此刻我想要變成什麼樣子？
● 面對現在的處境時，我想要捍衛的是什麼？
● 相信這些想法或行動，有助於我過更豐富、更有意義的生活嗎？
● 現在的我，跟我當下的生活經驗有密切關聯嗎？

與時間產生親密關係

與時間產生良好關係的最佳方法，就是利用手錶或時鐘練習正念。

一開始先用錶盤式的鐘錶，而不是數位電子鐘錶會比較容易練習。從數位電子時鐘上判讀時間時，往往需要經過進一步的思考和計算，才會具體得知我們究竟還剩多少時間去做某件事，或何時該到某個地方等等。而錶盤會具體呈現時間，我們看到錶面就會知道現在是幾點，連帶也會意識到現在該做什麼事，而不需要再花費心思去仔細計算或思考。

只是如果指針會發出滴答聲，或鐘錶面還有日期顯示的干擾時，你可能也容易分心。所以，你可以利用靜音時鐘或手錶來做下面的練習。

如果你習慣利用智慧型手機查看時間，請將時間顯示設定為錶盤式，或是下載一個這類的APP。

這個正念練習，可以改變你對時間的認知，釋放你一想到時間不夠用就緊張不已的壓力與焦慮。你可以隨時進行練習，在過程中也可以隨時停止。你還可以利用語音導引加以協助。

練習08 感受一分鐘的長度

建議先將步驟用語音錄下來，之後邊聽邊練習。

1. 現在，注視一支錶或一個時鐘，並看著指針所指的位置。你知道自己正在做這件事，但不要去想現在是幾點。
2. 察覺你正在注意時間這件事。不需要思考或計算現在是幾點鐘，看著它、知道它，時間就在那裡。

3. 知道時針、分針和秒針走到哪裡。

4. 注意這些指針之間的距離。

5. 如果錶或時鐘會發出聲響，注意這些聲音。

6. 注意聲響之間的寂靜。

7. 萬一你有任何雜念出現，無論是對於正在做的事、現在究竟是幾點、你還剩下多少時間、做這個練習根本是浪費時間，或者有人出現干擾了你等等，一旦注意到自己心思飄移了，先不要執著繼續去想這些事，而要為你注意到它們感到高興，並任由雜念漸行漸遠，同時將注意力拉回到當下，感知現在的時間，並專注在當下。

8. 先注意到時間就在那兒，然後再察覺自己正在注意時間這件事。

9. 萬一有任何感覺出現，像是焦慮、厭倦或是挫折等負面情緒，只要瞭解你正在產生這些感覺就好，且要為你注意到它們而感到高興，並慢慢將注意力再拉回至「觀察時間」這件事上，而且感知到自己正在做這件事。

10. 時間就在那兒，你正專注並感知時間。

11. 現在你看時間的經驗改變了，你對時間會產生想法，你的感覺也會來來去去，但是注意和察覺時間的那個「你」並沒有改變。
12. 時間就在那裡，你正專注並感知時間。

愈控制，愈失控

無論是當我們汲汲營營地努力工作，抑或追尋物質的滿足、心靈的快樂時，運用的都是和遠古時代穴居人祖先在陌生危險的世界中奮力求生存時，同樣來自於大腦的反應——我們會「戰」或是「逃」。

當然，我們現在不需像原始人般，奮力躲避野生動物的追殺，但是我們努力「奔向」完美、成功、快樂和放鬆；同時又要費力「逃開」與之相反的事物，像是不完美、失敗、不快樂、忙碌等。這些行為，跟原始人永遠在奔忙中是一樣的。

為了生存，原始人一直活在強烈的恐懼中，他們對於潛在的危險時時保持高度警覺。經過數百個世紀後，我們從祖先身上學到的「生存天賦」從未沉睡，而且也不斷在我們的想法中與時俱進，未曾停歇。

我們的壓力會以各種方式出現，程度大小也不盡相同。這些壓力源自於我們糾結的想法、痛苦的情緒、不舒服的身心感覺，還有忙碌的行為等等。通常，我們會過度認同這些壓力，將之內化，彷彿它們就是我們的一部分。你可能會發出「我壓力好大」或「我快累死了」這類的抱怨，但你要知道，你仍然是「你」，你並不等同於「壓力」，你只是在那一刻被壓力，還有被身體的疲憊逼迫到喘不過氣來。這兩者有很大的不同。

當你覺得快被壓力與焦慮淹沒時，不要去思考它們，也就是說，不要讓情緒感受變成「想法」，也不要加以分析或評斷。一旦你的思維和負面情緒的能量一致時，這些負面能量便會與你畫上等號，甚至假裝是「你」而利用你。

利用正念覺知，我們就能自想法、感受、身體感覺和行為等各種經歷中抽離，看清它們的真面目，這些體驗、情緒就如同訪客，會來來去去。一如知名的心靈導師艾克哈特．托勒所說的：「認同心智就會賦予它更多能量，觀察心智便能將能量收回來。」

下面以克萊兒的故事為例，她就是過度認同和陷入自己的壓力經驗中，試圖與之對抗並消滅它們，結果反而更無法抽身。

正念案例

我一定要撐下去！

克萊兒是三個孩子的母親，小孩的年齡分別是七歲、六歲和兩歲。她在一間大型銀行的人力資源部從事兼職工作，在週末時也會做些慈善工作。平時她就是家庭主婦，也要幫忙照顧罹患阿茲海默症的年邁母親。她的兩個大女兒都上學了，小兒子則大部分時間都跟她在一起。

某天早上，克萊兒載女兒上學回家後，喝了一杯她非常需要的咖啡，並查看電子郵件。她兒子的身體有點不舒服，她正想帶他去看醫生。這時，有封標示為「緊急」的郵件跳了出來。她帶著忐忑的心情打開郵件，是她的經理寄來的，請她在那個週末幫忙把下週要跟客戶做的報告定案。她的心開始往下沉，因為她已經事情滿檔，不可能再塞進這項工作。

克萊兒開始感到不安，她想著：我該怎麼辦？我不可能同時處理這麼多事，但我不能讓其他人失望，他們都靠我；而且如果我拒絕的話，他們可能會認為我無法勝任這份工作。當她以這種方式思考時，就更加陷入充滿壓力的想法中；她愈想試圖解決問題，就愈感到焦慮。

她注意到心臟正快速跳動著，而且頭暈又雙手發抖。她覺得快撐不住了，所以她先去床上躺一會兒。但她又突然想到她把兒子獨自留在客廳玩耍，她覺得這樣做是個很糟糕的母親；而且假如她繼續躺著休息，就不能照原定計畫帶他去看醫生，那該怎麼辦？想到這裡，克萊兒更焦慮了。

我們從克萊兒的例子中可以看到，她在四個方面（或是內在經驗〔internal experience〕的四個部分）承受了許多壓力：想法（我做不到）、情緒（焦慮）、身體感官知覺（心跳加速，以及雙手顫抖），還有行為（躺在床上）。她並未容許這些經驗任意來去，而是讓自己身陷其中。她以為這些無助的狀態是無法改變的，也代表自己與這些狀態畫上等號，她必須試圖擺脫它們。對於這些經歷與想法，她亦深感自責不已。凡此種種，都只是導致更多的壓力與焦慮。

這種伴隨壓力而產生的反應，對於受困於苦惱狀態的人而言，是很常見的。假如我們無法自覺它正在發生，那麼它將靠著自動導航模式恣意行走，讓壓力繼續飆升，直到最終使我們筋疲力竭，或是更加痛苦、憂鬱、焦慮。

我們必須自這些經驗（它們以我們的想法、情緒、感覺和行為這四種形式出現）抽離，留意它們的真面目。它們不代表我們，只是瞬間即逝的經驗，我們可以觀察並釋放掉它們。正念就是在教我們如何做到這點。

列出待辦事項，告別瞎忙

當「非做不可」的事愈來愈多，每一件似乎都既急迫且重要，我們該如何列出優先順序，決定先做哪件事呢？

將待辦事項逐條列出，是個不錯的做法。藉由表列方式，有助於我們理出頭緒，排出事情的先後順序，有效管理時間。更能避免讓大腦出現許多毫無頭緒的雜事來擾亂自己，或讓自己分心。

這些事項，可能有一份是工作用的，另一份則是屬於家庭或個人私事。這些待辦事項還可以按類型再被細分成「例行性事務」，也就是讓生活順利進行的日常瑣事；以及

「創新或計畫型事務」。像這樣將待辦事項排定先後順序，細分不同類別的方式，將有助於讓我們的工作和生活更上一層樓。

以下是列出待辦事項的一種方式，供你參考。

練習09

To Do List，Check！

請將下表中的項目，標示出優先順位（1最重要，10最不重要）：

- 寫一張待辦事項表。
- 在這張表上增加更多工作。
- 把表單放在一旁。
- 試著記住之前你在表單上所列的所有待辦工作。
- 再拿出之前的那張表。
- 合併待辦事項表上的某些事情。
- 在已完成的工作處打勾。
- 在未完成的工作下方劃線。

- 想出更多的工作。
- 另外再做一張新表。

然而，待辦事項清單常是一張簡單的盤點表，上面記的只是你認為「該做的事」，很容易會讓人迷失在一堆不重要的事情裡。而且，當待辦事項表愈列愈長時，我們會對無法完成這些事更感焦慮。

我們偶爾也會鴕鳥心態地刪除表單上的一些事，或是把它擺在一旁，繼續做其他可能會帶給自己正面情緒的事，以逃避現實。那些待辦事項終於處理完後，事後我們往往會恍然大悟到：其實像清理廚房餐櫃或是報稅這些工作也不是真的那麼麻煩啦，而且在完成這些工作時還會頗有斬獲，成就感倍增。

但是當我們陷入負面想法中（譬如：「我做不到」、「太難了」、「我沒力氣了」、「那會很無趣」、「我沒心情」等等）而無法自拔時，不但會影響我們的情緒、感覺和行為，就如同在上述克萊兒的例子裡所看到的那般；而且在這種種高壓和忙碌的情況下，若執著於負面思考，也會讓我們的自信心受挫。

正念能教導我們以觀察者的身分，從旁覺察到自己正身陷困境，進而幫助你認清事實，勇於面對困難，並嚴格審視每一個待辦事項，將事情分類後再逐一處理，讓你忙而不亂。

正念小祕方

- 別冀望自己能永遠過著幸福快樂、沒有壓力的日子，這種不切實際的想法只會讓你更慌亂、壓力更大。
- 試著不去擔心自己沒時間這件事，因為這會製造時間更不夠用的錯覺。
- 留意你對於自己壓力經驗（它們會以想法、感受、知覺和行為等四種形式出現）的過度認同、反抗，以及陷入自我批判的習慣。
- 不要聽信無益的內心想法（在第六章會教你方法），它們對於你的心情、自信會造成負面的影響。

05 再見，匆忙病

本章重點

- 不管是真忙、假忙還是瞎忙，你都有可能是得了「忙碌上癮症」。
- 忙碌的藉口和行為，讓你成為慣性忙碌的奴隸。
- 是順境或是逆境，全都取決於我們的心境。利用正念，能讓你擁有看待事物的新眼光。

「我有太多事要做了！」、「我不可能準時完成所有的事！」、「真是太不公平了！」、「我壓力超大！」、「為什麼其他人不能幫忙多做一點?!」、「走開！別妨礙我！」。這些抱怨是不是聽起來很耳熟？

在大多數的日子裡，我們常常牢騷滿腹，做起事來也莽莽撞撞，充滿憤怒。真希望那些笨蛋可以閃邊去，好讓我準時趕上火車！那些害你慢下來的人、事、物，就是害你無法一路暢行的罪魁禍首！我們總是在心裡惡狠狠地咒罵著：「下一個擋路的人，你死定了！」

忙碌上癮症

事實上，我們的忙碌不能歸咎給任何事、任何人，包括收不完的電子郵件、無止境的工作計畫、討厭的朋友、不關心你的伴侶、要求嚴苛的老闆或是偷懶的同事等。我們所擁有的壞習慣，才是造成自身壓力與忙碌的亂源。除了自己之外，我們不能怪罪任何人！

這些讓我們成為時間俘虜的壞習慣會以各種形式出現，像是：

- 我們會滔滔不絕地對自己及其他能忍受我們抱怨的人，重複叨唸著自己有多忙。
- 我們幻想自己是能解決眾多疑難雜症的超級英雄，而且對此想法深信不疑。
- 因為擔心生活、工作與人生會失控，因此始終努力不懈，並惶惶終日，是個完美主義者。
- 以「忙碌」來認定自己存在的價值，害怕如果閒下來就顯得自己不重要，所以一直

「裝忙」卻不自知。

- 因為不敢或不肯去面對、接納某些事情，而這些事情背後也往往隱藏著一些負面感受與情緒，因此我們試圖藉由忙碌來逃避。

這些讓人忙到疲於奔命的症狀，不是來自於外力，而是源自於人們的內心。有些人還會忙得很自在、很興奮，甚至欲罷不能！以至於有片刻的偷閒都會覺得有罪惡感。我們因著上述的種種原因而對忙碌上癮，養成了「樂在忙碌」的習慣。

現在，試著將你認為會讓壓力與忙碌指數破表的所有事物列張清單。以下我們就列出一些常見的抱怨，幫你先起個頭。

練習10 不抱怨的練習

什麼是阻礙你順利前進的原因？

- 排隊等待。
- 困在地鐵擁擠的人潮中。

- 因塞車或道路施工造成遲到。
- 行動電話不見了，或無法上網。
- 別人花了冗長的時間表達意見。
- 我，就是我自己！

當你下次身處在上述情況或其他窒礙難行的情境中時，別再不停抱怨為何每件事都要跟你作對、你是如何被延誤和被迫放慢速度；你總煩惱著下一步該做什麼，又擔憂結果不如人意；或是懊惱為何無法完成每件事……等等。

請你換個角度，注意在那個當下，是誰，又或者是什麼事，是真正讓你身心倍感壓力的原因。是你周遭的情境和人嗎？是你電話響個不停的簡訊通知鈴聲，還是你為當下所做的處理感到擔憂、沮喪？

像這樣，將理由逐一抽絲剝繭。從片刻的覺知中，你將會注意到，把重擔加諸在身上的，其實就是你自己！

接下來尼克的例子告訴我們，因為缺乏自省能力，將會產生更多的焦躁不安、無助和絕望。

正念案例 停止抱怨，你就能省下更多時間

當尼克來參加正念訓練課程時，他正處於束手無策和疲於奔命的狀態。他希望這個治療能解決他所有的問題。

他經營油漆裝潢事業，一整天都在工作。許多顧客都積欠款項，他對此感到憤怒不已；而且他的工作團隊都懶懶散散的，真的令他很苦惱。此外，他還得開發客源，甚至親自上工。

在第一堂五十分鐘的課程中，他花了足足四十分鐘不停抱怨自己有多忙、他的處境有多不公平、感覺有多沮喪、每天時間都不夠用、他有多疲累、他太太如何不瞭解他的壓力、他們很多時間都在吵架，因為她覺得他總是在抱怨。你可以想像那個畫面！

他隨身攜帶兩支行動電話，電話就放在他身旁的沙發上，當他沒在抱怨時，不是在查看手機上的簡訊，就是在講電話。

在第一次面談一開始時，他就開宗明義地表示他必須將課程縮短十分鐘，因為他

必須去處理一件緊急的事。

以下就是第一次課程快要結束時，他與心理師的一小段治療對談。

心理師：是這樣的，尼克，因為考慮到你想要比我們預定的時間提早離開，看來現在我們的時間已經到了。

尼克：什麼?!時間到了？你什麼都還沒有說，都是我在講話，而且我一點都不覺得我有好過一點。

心理師：我瞭解。既然如此，那你心裡有何感想？

尼克：嗯，我壓力更大了，而且我好像浪費了時間，我還是有這麼多問題需要解決。

心理師：其實這些本來就是你的時間。雖然我很確定現在讓你談談每件事有多糟糕，對你來說似乎很重要，而且要不時地查看簡訊和接電話對你似乎也很重要。我在想，如果你不做這些事的話，現在你可能會感覺不太一樣。如果這些事不來妨礙你的話，你今天來這裡可能也會有不一樣的經驗。

如果佛陀也有 iPhone

我們會因為其他人事物的干擾而放慢腳步，但是我們不能要求世界總是如自己所願，所以最後只好試著去接受現狀。

正念的目的之一，就是要改變我們與自身經驗產生連結的方式，而不是去改變那些生活經驗。

當你感覺諸事不順且壓力急速攀升時，只要注意到自己正大聲咆哮，或在心中暗自咒罵的這些時刻。要找回平靜力量最好的方法，就是在這一次呼吸時，利用在當下的這一刻。

例如，假設你被困在車陣中動彈不得，或是焦急等待一班誤點的火車，感覺怒火中燒時，只要注意到自己有這種憤怒的反應，就可以做出不同的選擇：究竟你是要繼續發飆，還是要利用這段時間做更有意義、更有價值的事（這也是可以練習正念的大好機會）。

正念有助於改善我們的決斷力，讓我們更有效利用時間，也能讓頭腦清楚地做出人生的選擇。這種明晰感是來自於覺知，而不是來自慣性反應（譬如：脾氣一上來就抓狂地大吼大叫)。

下次當你驚覺到自己因為塞車、困在人龍裡而怒氣沖沖時，試著將注意力放在手機、平板電腦，或是任何你隨身攜帶的物品上。

在搭車、等人或任何無聊的時刻，我們都常會無意識地拿出手機查看。原本可能只是為打發時間，結果反而被爆滿的訊息與電子郵件，或是網路上驚人的大量資訊疲勞轟炸，腦袋更靜不下來。

在此，我們並不是要教你沉迷於科技產品中，而是要你認識你的手機，並且要你抱持著就像從未使用過它的好奇心，就如同小朋友興奮地把玩剛收到的生日禮物。

這個練習是利用手機體驗正念，並培養不做出任何評價的覺知；你只要把注意力放在手機，還有你的觸覺與視覺經驗上。它能幫助你打破成規，並且避免被某些不好的慣性行為或情緒所支配(例如當你一看到手機，或是覺得無聊或焦慮時，就常會不自覺地查看簡訊)。

以下是一些練習時的建議：

- 萬一你腦中突然出現任何想法，不論是關於你正在做的事、你的手機(或是可能有電子郵件正發送至手機），或是其他任何事物，只要注意自己一有雜念產生，就馬上放掉這些想法，把注意力重新放在手機上。

- 你可以在任何你喜歡的地點做這個練習，一旦你習慣後，甚至可以在每次使用智慧型手機之前或之後進行。
- 這個利用手機所做的練習並沒有標準的步驟程序，唯一的目的，就是要將注意力放在你的體驗上。
- 準備好你的手機，現在就來做這項練習。你也可以利用語音導引來協助進行。

練習11

「認識」你的手機

建議先將步驟用語音錄下來，之後邊聽邊練習。

- 你可以坐下來，將智慧型手機放在桌上或腿上。如果你是站著的，察覺到手機正放在你的口袋裡。
- 拿起手機，高舉在半空中注視它，並感覺它的重量，以及你的手跟身體現在多了一支手機的重量。
- 當你握著手機時，利用你的手指、拇指和手心，在手中轉轉它，注意它的重量在你手指和手心的不同部位，是如何變得更輕或更重？

- 先注意手機的重量，再把注意力放在正注意著手機重量的自己上。
- 再次握著手機，讓它放在掌心中。用你的手指隨意去滑動它的表面，並留意它的質地，和機身上凹凹凸凸的設計。
- 你會閃神或分心是很自然的事，當雜念出現時，只要慢慢將專注力拉回，再度放在手機上即可。
- 意識到你此刻正注意著手機。
- 先專注在手機上，然後再把注意力放在正專注於手機的你，及你的體驗中。
- 現在凝視手機，仔細研究、探索它，注意它的外形輪廓、邊緣、標誌。
- 注意手機的周圍，以及與邊緣的銜接處。以讚嘆和好奇心留意它造型優美的設計。
- 當你再次在手中轉動手機時，注意光線反射的地方，還有在表面上閃爍光亮和褪色的地方。
- 現在，你對手機的觀察體驗改變了。但是注意到這些經驗的這個部分的你，並沒有任何改變，它依然是純粹且前後一致的，你只是產生了覺知。
- 萬一你閃神或分心了，只要慢慢將專注力拉回，再度放在手機上即可。

慣性忙碌

很多前來就診的人都滿懷期望，希望我們能立刻解決他們的問題（就像上述例子中的尼克）。他們期待我們只要揮一揮魔法棒，噼、啪、砰——他們所有的壓力、忙碌、憤怒和焦慮就能全都煙消雲散！

就如同之前所說的，他們長期習慣忙碌的氛圍，許多大忙人其實已對壓力上癮而不自知。鎮日處於緊張和壓力的情緒中，並以「忙不忙碌」來認定自己存在的價值，一旦停下匆忙的節奏，反而會不知所措，無所適從。如果無法覺察到這種慣性忙碌的習慣，只是任由自己盲目地往前衝，快節奏的步伐當然會令人喘不過氣來。

在此，有另一個英文字首縮寫，可以幫助你瞭解為什麼你過著終日忙碌卻毫無建樹的生活。這個字就是F．R．A．N．T．I．C（慌亂）。

F 恐懼（Fearful）：做任何事都戒慎恐懼，擔心除了已排定的既定工作之外，就再也無法應付其他額外的事物了。

R 回應（Reaction）：不自覺就答應每個要求和請託，結果事情愈來愈多。

A 逃避（Avoiding）：逃避更多的壓力和痛苦，以喝酒、吸毒、失聯、做白日夢、渾渾噩噩，或是不斷擬定下一個計畫等方式來躲避現實。

N 窄化（Narrowing）：縮小生活範圍、利用忙碌，避免體驗豐富的生活經驗，並不停地做一些會讓自己感到滿足和有所回饋的事。

T 受困（Trapping）：把自己困在忙碌的藉口、擔憂和問題裡，讓壓力與焦慮不斷惡性循環。

I 忽視（Ignoring）：忽略自身的基本需要，以及對自己真正重要的事。

C 漫不經心（Careless）：孤立自己，不關心自己。

練習12

我為何像忙碌的蜜蜂「嗡嗡嗡」？

你是否察覺到自己已過度緊張，承受了許多壓力呢？又能否意識到，急匆匆的行事風格，其實也讓自己和其他人感到焦慮？

- 我常抱怨的是哪些事情？利用下面這些問題，自我檢視一下壓力指數究竟有多高？

（例如：不公平，為什麼我得做這麼多事，其他人卻閒得要命等等？）

- 我對哪些事特別容易暴怒？
- 這些抱怨的內容有具體的重點嗎？（例如：是關於過去、未來、失敗、被拒絕、不公平，或是批評自己或其他人等？）
- 我會抱怨生活中（如：工作、家庭、人際關係等）的某件事或所有事，結果讓自己過得一團糟嗎？
- 當我感覺有壓力和忙碌時，會怎麼做？（如：大吼大叫、手忙腳亂、無意識地查看手機／電子郵件、焦慮地靜不下來等等？）
- 當我忙碌時，別人是怎麼看我的？（如：好辯、性急、無視他人的存在、愛指責抱怨、容易分心、講話速度很快？）
- 當我忙到不可開交時，別人是如何回應我的？（安慰我、陪伴我，還是躲得遠遠的？）
- 當別人指出我的壓力和忙碌時，我是如何回應他們的？（叫他們閉嘴、斥責他們根本不懂、充耳不聞？）

練習13

忙裡也能偷閒

依照下列建議，每天花些時間省思你如何面對「忙碌」這件事。

- 重複進行上面的練習。如果你願意常常做就更好了。
- 覺察到你所有的習慣模式，以及你正落入自己所架設的陷阱中，包括你讓自己忙到焦頭爛額的藉口、習慣、行為和生活方式。
- 下次當它們出現時，你會更警覺並注意到此事。
- 這種方法能讓你在緊湊的生活步調中，更容易、也更自然地擺脫掉「享受忙碌」的習慣。
- 不必多做什麼，覺知就是關鍵，僅此而已。在覺知的時刻裡，只要專注就會有幫助，然後你可以選擇是否想要繼續以原來的方式回應忙碌；或是要善用當下，朝著對你更有益的方向前進。
- 盡量常做這個練習，你將能感受到活在當下時所獲得的極大滿足。

正念小祕方

・注意你慣性忙碌的習慣，譬如你常把忙碌當藉口，或做些無意識的行為，把自己搞到筋疲力竭。

・放慢腳步，也懂得在忙碌中喊停，徹底享受片刻的無所事事，能幫助你更專注、更有效率且愉快地完成工作。

・退一步，你才能前進更多，也能將注意力放在更有意義的地方。

06 不被念頭牽著走

本章重點

- ❖ 你的想法如何運作，又該如何解讀它們。
- ❖ 我們常會不自覺地被忙碌「吸引」，因而陷入壓力、憂慮、疲累、忙亂的惡性循環中。
- ❖ 正念能幫助我們發展出更有效率的生活方式與思考模式。

在上一章，你已經認清自己沉迷於匆忙中的習慣。現在，我們將教你利用正念的技巧來注意這些習慣，增加你的覺知，開始將注意力放在運用想法的力量上。

在此，要請你花一點時間做下面的練習，你將發現其實我們很難清空思緒，總是會有念頭一直盤踞著揮之不去。稍後我們會再回來討論這些問題。

你也將在接下來的一些練習中，學習如何察覺與觀照自身的想法、念頭與衝動，並允許自己放下它們。

練習14 關掉內心喋喋不休的想法

1. 在你開始練習之前，請先暫時停留在覺知裡。
2. 當你正在讀這段文字時，留意能否注意到有哪些想法正在心中滋長。
3. 你或許聽見內心正在說道：「哇，這本書真的很令人驚訝，我等不及要繼續讀下去！」或是不以為然地認為：「這本書到底在唱什麼高調啊？拜託快點有點進度好嗎！」又或者甚至是憤怒地吶喊道：「這些人根本不知道我為什麼壓力會這麼大！如果他們知道我到底有多忙多累，就不會用一派胡言來指責我！」
4. 無論你心裡在想什麼、無論哪些想法可能會干擾你，都請繼續閱讀本書。
5. 但在往下進行之前，現在先利用幾秒鐘，看看此時此刻你是否正產生與之前類似，又或是截然不同的想法。
6. 在你意識到這些想法之前，它們對你有何影響？讓你有什麼感覺？是否影響你在情緒或身體上感覺的方式？它們對於你在閱讀本書有何幫助或阻礙？當傾聽它們在說些什麼時，這些想法可能會變得非常強大，也可能會對我們的情緒、身體和行為造成負面影響，讓我們無法輕鬆自在地生活。

有壓力但不煩惱

想法是我們生活經驗的一部分；它們會來了又走，自然而然地經過我們的覺知。但是我們常會不自覺地困在自身的想法中，讓自己動彈不得。

你將在下面的案例中發現這樣的情況。

正念案例 是想法，還是事實？

馬克是一家大型企業銀行的副總，當他注意到自己在工作中變得愈來愈焦慮後，便前來參加正念療程。

時值信用緊縮的巔峰期，已出現一波失業潮。馬克注意到自己的工作績效下滑，他無法專心，而且感覺壓力愈來愈大，對他的團隊也更容易發脾氣。他擔心假如情況未改善，很可能會丟了差事。他兩年前才剛從憂鬱症中復元，在上一份工作也曾遭到解雇；他不想再經歷這些事了。

以下是我們在治療初期時的一些對話。

心理師：「當你努力要完成工作時，你心裡在想什麼？」

馬克：「嗯……我以前從來就沒想過自己的想法，我以為我是在思考，但我無法專心，而且也辦不到！我永遠不可能做完所有的事，我有太多事要做！我到底怎麼了？我不應該犯這些錯的！我又要失業了！」

心理師：「當你不斷在想『我要失業了』時，你有什麼感覺？」

馬克：「我開始覺得真的很焦慮和憤怒。」

心理師：「好，當你一直執著而且相信這種想法時，身體會產生什麼異狀嗎？」

馬克：「我會顫抖，覺得噁心想吐，還會覺得快喘不過氣來。我也真的很緊張，前幾天我甚至還焦慮到不小心折斷了一支筆！」

心理師：「我瞭解。那麼其他想法呢？還有哪些想法會緊跟著『我要失業了』這個念頭而來？」

馬克：「我開始想其他人會取笑我，這真是太丟臉了。我覺得我會找不到工作，也不能做自己真正喜歡的事。我想我得賣掉房子。我又要讓家人失望了！」

心理師：「我懂。那麼你的行為呢？當你一直想著『我要失業了』這個念頭時，你的行為出現了什麼變化？」

馬克：「就像我剛剛說的，我會覺得緊張，而且會對我的團隊大聲叫囂，有時候我還會衝到廁所躲起來，試圖讓自己鎮定下來。我根本沒法專心，而且我真的什麼工作都做不好！我真沒用！」

心理師：「雖然『我要失業了』這個念頭是可以理解，而且當然也有可能成真。但是當它出現在你的腦海時，一直去想它，其實一點幫助也沒有，尤其是如果你想要保住工作的話。」

我們愈讓心智不受控地如脫韁野馬奔馳，認為不可知的未來將會產生悲慘的結果，就愈會心亂如麻，同時也會影響我們的行為和做事效率。以馬克的案例而言，這將使得其他人更注意到他的工作效率不彰，也可能會讓他丟掉工作。也就是說，馬克太過專注在他對失業的擔憂上，最後可能反而會變成自我應驗預言。

無論是你自己、你的朋友或家人，可能都曾試圖讓你相信那些出現在你腦海中的負面想法。但我們要你自問下面這些問題：

- 一直困在這些想法中是否真的有幫助？
- 這些想法是否能幫助你創造你想要的真實世界、經驗及生活呢？
- 這些想法是否有助於你在生活中有所進展呢？

想想馬克的例子。在我們生活中所產生的壓力，其實都是我們心中想法所造成的結果，這些想法可能在我們內心以文字、影像、圖片或場景等不同形式出現。與此同時，你可能會擔憂未來，從悲慘的角度揣想所有可能發生的事，並認為自己會遭到批評和負面評價。

在接下來的一些練習中，我們將教你釋放心中所有的雜音，用覺知與接納的心態跟你當下的經驗產生連結，就是這一口呼吸，就在當下這一刻。正念給了我們這個機會——

釋放和避免有壓力的想法，真正完全領會這一刻，清晰看到它原本真實的樣貌！

天外有天，沒完沒了的無解之謎

我們忙碌的案主常擔心，假如他們停止深思熟慮，那麼生活必定會分崩離析（也可以說，他們又察覺到另一個令自己擔憂的想法）。

思考當然是有幫助的。假如思考在解決問題和分析事情這兩件事上，能幫助你維持專注力並帶來收穫的話，的確還挺不錯的。只是，能有建設性地充分思考問題，跟受困在無止境的擔憂中、並不斷反芻徒勞與壓力，這兩者間有很大的差別。如果思考只是帶來擔憂、痛苦和恐懼，破壞內心的平靜，讓你落入焦躁不安的心境，惶惶不可終日，這無異是無形的框架與束縛。

看看下面這則故事。

有一次，有個小孩問他的老師：「是什麼東西在太空中撐住地球呢？」老師回答：「喔，是一隻很大很大的熊用牠的鼻尖頂住地球。」「啊，我懂了，」這個愛打破砂鍋問到底的小孩又問：「但是在宇宙中又是什麼東西撐住這隻用牠鼻尖頂住地球的大熊呢？」「是一條更大的魚用牠的魚鰭頂端撐住這隻熊。」「喔，我懂了，老師，」這個小孩還不死心地繼續問道：「那麼又是什麼東西撐住這隻更大條的魚，讓牠撐住在太空裡頂住地球的熊呢？」「小朋友，是沒完沒了的熊跟魚、熊跟魚……」

你發現了嗎？有時候我們的問題，是不會有答案，又或是沒有標準答案的。就像我們在面對無解、凝滯的痛苦與困境時，最有用的方式就是放手，接受人生就是有太多的「為什麼」、太多的沒有答案，然後去做其他更值得的事。這就是「真自由」。

許多人一覺醒來睜開眼睛時，就處在壓力模式中，心思開始閃過與新的一天有關的種種念頭：我今天必須完成哪些事？我要怎麼做？我快要遲到了！我要趕不上那班火車了！然後，當我們在沖澡時，不只水繼續流，我們的想法也跟著流轉，譬如：想著在當天稍後那場重要的會議，要說什麼以及其他人會如何回應等等。

你看過電視轉播的足球賽嗎？評論員嘰嘰呱呱從沒停過——喔，拜託閉嘴好嗎？你害我們沒辦法專心看球賽，這可是重要的比賽耶！

仔細想想，你可能還真的很少獨自一個人在洗澡。說不定評論員和整團活力充沛的足球隊，就跟你一起擠在浴室裡呢！

建議先將步驟用語音錄下來，之後邊聽邊練習。

練習15

聆聽內心的聲音

在任何時刻都要學習覺察自身的起心動念，並充分感受每一個當下身心的狀況與互動。現在問問自己，當專注在下面這些想法時，你有什麼感覺？

- 我的情緒感覺如何？
- 我的身體感覺如何？
- 它們如何影響我的行為？
- 如何影響我的情感關係？
- 如何占據我寶貴的時間？
- 如何讓我更有效率？
- 如何幫助我享受當下？
- 如何幫助我創造令人滿意的生活？
- 如何幫助我往前邁進、達到目標，並完成對我真正重要的事？
- 讓腦袋放空的洗澡禪。

以下還有另一個快速的正念練習，你不需要改變日常作息，而且每天都可以進行。這次的練習是在洗澡中進行。你會發現，想要跟心中的許多想法對抗，是枉費心機的。這個練習將讓你放空腦袋，充分享受淋浴或泡澡的美好時光，並意識到這可以是個豐富而有趣的經驗。

以下是有助於你開始行動的一些建議。

- 你要試著減少分心。所以假如你在淋浴（或泡澡）的時候會聽音樂，請關掉它，並告訴其他人別打擾你。
- 專心沖澡（或泡澡）！

練習16 專心洗澎澎

建議先將步驟用語音錄下來，之後邊聽邊練習。

1. 當水從蓮蓬頭噴灑而出，落在不同的表面上，像是你的身體、瓷磚、淋浴間的玻璃，或是流入排水口時，注意水的聲音。
2. 當水壓衝擊你的頭部或身體不同部位時，留意水的感覺，還有水溫與身體接觸時的感覺。

3. 留意香皂和洗髮精的味道。
4. 注意香皂和洗髮精與你皮膚接觸的感覺，以及當它們被沖洗掉時的感覺。
5. 留意在牆上、淋浴間玻璃，及你身體上的水滴。
6. 留意往上升起和充滿浴室的蒸氣。
7. 萬一有任何念頭出現時，只要知道有這些想法產生就好，然後放掉這些雜念，並將專注力再拉回到淋浴的體驗中。

連動式的想法迴路

神經科學有助於我們瞭解大腦（思維）所創造的思考網絡（神經系統的連結與路徑），也就是想法之間是彼此相關並有所連結的，所以一個想法可能會激起更多的想法、藉口或是故事。

我們在腦海中擁有的這些程式或是網絡，跟電腦是很類似的，但是我們不能像操作電腦一樣，刪掉這些程式。那麼，當某些想法和藉口讓人倍感壓力時，我們該怎麼辦？

這時，我們可以停止正造成壓力的程式或是思考網絡。例如，我們可以意識到自己是何時想著它，認清那個想法到底是什麼，並告訴自己這些都只是想法或是自己編出來的故事（即不要去傾聽它們的內容，也不要嘗試做些什麼），如此就不會再強化這個想法。

一旦我們這麼做時，就能夠把注意力放在建立新的、更有用的程式或思考網絡中。這是個需要練習的訓練，以下會教你該如何進行。

練習17

不要想粉紅色大象

做做下面這道簡單的習題，讓自己笑一笑。但更重要的是，這個練習能讓你知道，你可能常會利用正面思考或讓自己分心的方式，試圖擺脱掉某些你不想擁有的想法和感覺，但這樣做的結果多半都是徒勞的。

- 不要想著一隻身上有黑色和黃色斑點的粉紅色大象。
- 想像你的狗／貓／金魚／岳母或婆婆將不久於人世——你要覺得這些事對你來説無

關痛癢。

- 想像你贏得樂透。但你要對這件事毫不在乎，也不要幻想你能用這筆錢做什麼事。
- 看著鏡子，心中絕對不要產生任何負面的想法。
- 當你有很多重要的事要做時，千萬別想著這個練習會多有壓力。

現在，你知道了吧？明明叫你不要想的事，你反而愈會想，愈想就愈放不下那些念頭；愈壓抑強迫某種感覺，感受反而就愈強烈，結果終致你被想法所綁架。

進入當下，遇見自己

其實，你能處理任何出現在心中的想法，也大可不必去注意或是思考那些極欲擺脫的意念。尤其是當某些執念已對你造成壓力，阻礙你達成目標時，運用正念的力量可以將你導向正向的能量。

在學習如何遠離造成我們緊張、疲累與壓力的念頭前，先來看看在腦袋裡運行的世界，瞭解心智是如何運作的。

之前曾說過，我們的心智分為思維（想法）和覺知兩種模式。本書的主旨就是要透過正念練習，讓我們更瞭解覺知，並讓我們在選擇時，培養出能更自然進入這種狀態的能力。此外，也能讓我們在情緒、心智和健康等許多方面受益。

思維是解決問題的專家，它能引導我們一一完成待辦事項，而且成效頗佳。但由於思維也是習慣的產物，因此在生活中，我們每每會不自覺地套用這些慣性模式，而它也會強化忙碌的行為。

覺知就不同了，它是隱藏在喧鬧思維之下的沉穩與寧靜，能讓我們只是安靜地在一旁觀察，維持念頭的不偏不倚，也能讓自己完全進入當下，遇見真正的自己。

當我們如同上例中的馬克產生情緒問題時，多半會像他一樣，執著於負面思考中，但我們不會進一步思考焦慮究竟從何而來、會導致何種後果，又有何解決方式。然而，這種鑽牛角尖的反應，只會讓問題擴大、加劇，因為思維無助於解決自身的境況（也就是「情緒問題」），反而讓人變得更焦慮、易怒，甚至行為失常、健康出狀況。就像老鼠在滾輪中愈跑愈快，但仍無法逃出牢籠中。

當你觀想內心時，你的視野將變得更清晰。當往外觀望的人還在做夢，訴諸內在的人已經清醒。

——瑞士心理學家　榮格

被痛苦掌握，就會想要更多痛苦

以覺知來碰觸浮現在我們心中的想法，就如同觸碰到肥皂泡般，會瞬間被戳破。這種因想法而產生的情緒衝擊會消失不見，因為我們的心智無法同時處於思維模式和覺知模式中。

換句話說，痛苦、憂愁、鬱悶、憤怒、不快樂等這些負面能量，只能藉由你無意識地認同才能存活。你愈認同這些心理狀態，就愈受苦。我們只要一「清醒」，一覺察到自身的想法時，負面思考的漩渦便會被破壞，思維的習慣也就不會被增強了。

因此，不要用推論式的思考法，或試圖「想」出答案，也不要對抗你所經驗到的事，只要持續且有意識地關注想法，就能讓我們避開、遠離並切斷負面能量與自身想法的連結，並精準看出它們原本真實的樣貌。

練習18
讓想法不動如山

● 你可以試著想像內心的想法，就像是你在忙著做家事，或者忙著工作時聽到的廣播聲音。假如有人問你那個廣播節目的內容時，你可能會回答，雖然你隱約有聽到聲音，但是你並未注意聽它在說什麼。

● 你可以想像自己正站在一條繁忙的道路上，你的想法就如同那些呼嘯而過的計程車。你只要用這種行人過客的方式看著它們，但千萬別跳上任何一輛車。

● 把自己想像成是一座山；也可以想像這座山就是在你的身體裡，屹立不搖地聳立著。我們的想法則像天氣一樣：有雨、陽光、雪、輕柔的微風和呼嘯的狂風；任四季變換，那座山仍堅如磐石，不為所動。就像我們的心靈活動一樣，會一直飄浮不定，但正念能幫助你像高山一樣沉穩地面對各種改變。

● 忙碌的念頭也可以被想成是一大把彩色的氣球，或是樹上一群嘰嘰喳喳的鳥兒，準備要逐個或逐隻飛起，又或是全部一起飛到空中。

- 想法的形成有時候靠吐一口氣就能被釋放，消失得無影無蹤。這是一種自然的釋放過程（參見第60頁的「只要兩分鐘的觀息法」）。
- 想像你站在一條溪流前，水裡有漂浮的落葉。每當有壓力的想法出現在腦海時，就把這個想法放在一片落葉上，並看著它順流而下。
- 你也可以給予上述的想法一個名稱。它可以就直接被命名為「想法」，或是以更精確的方式來分類標註。例如，當你發現自己正懊悔地思考著過去時，可以默唸：「過去」；若是擔憂未來，就說：「未來」；當鑽牛角尖或產生批判時，就說：「批評／評價」，然後讓自己遠離這些想法，它們就只是經過你的覺知的事件、聲音和影像。

練習19

一分鐘迷你靜心法

以下這個練習可以增強你留意自身想法的能力。

- 保止靜止不動。
- 用一分鐘留意出現在你心中的想法（不必計算確切的時間，只要大約推測進行了一分鐘即可）。

- 不論你產生什麼樣的想法，都只要單純覺察就好，不要加以阻止或妄下評斷。
- 讓你的想法出現，並利用上述練習中提到的任何一種比喻或是標註法，然後看著它們離去。

練習20

回到現實的三種妙方

在你感受到壓力時，你可以利用下面三種技巧，幫助你培養更多的覺知去覺察想法，培養與壓力共處的能力。它們就像腳踏車旁的輔助輪一樣，能幫助你平穩起步。

第一種方法能調整你和你的想法之間的距離，創造出更多的空間：

- 在讓你感受到壓力的想法裡加上一些字，這種「正念」的短句為：「我注意到……的想法」。例如，如果你擔心自己會失業，就是：「我注意到『我要失業了』的想法。」

第二種方法是：

- 想像一個讓你承受極大壓力的想法，例如：「我絕不可能準時做完所有工作」等等。
- 花點時間思考讓你感受到壓力的那個想法，在心中默默讓它重現，並相信那是真的。
- 留意自己因為聽信這個想法，會感受到多大的壓力。
- 現在，重複這個想法，但在前面加上上述方法中正念的字眼，例如：「我注意到『我絕不可能準時做完所有工作』的想法」（或是任何你會感覺有壓力的想法），然後默默重複幾次。
- 你感覺到在你和你的壓力想法間產生距離了嗎？你的壓力減輕了嗎？（記住，假如你覺得自己有所改變，這也只是利用這種正念、覺知和接納想法的技巧所帶來的意外收穫。）

第三種方法，是在心中快速地重複默唸讓你產生壓力的想法。當我們這樣做的時候，這個想法就會轉變成一個聲音，它的內容和意義消失了，那單純只是心中的一種聲音，而這就是想法的原貌。如果你太專注於它的內容，那個聲音就會控制你的情緒、身體和行為舉止。例如：

- 重複「牛奶」這兩個字（或心中的某個想法），並快速重複默唸數遍。
- 注意到發生什麼事。
- 它變成只是一個聲音了，對不對？

以上這些技巧都有助於我們察覺身陷思維或念頭時的無意識舉動，也能從不斷重複循環的壓力想法中脫身，幫助我們與現實世界的當下相互連結，把注意力拉回當下。

也就是說，如果你注意到自己有某種「想法」在思維中奔馳而過，而且因為太專注於這個想法的內容，已經影響到現實生活，利用這些練習，能使你遠離思維，走入覺知，在當下放掉思維可能對情緒造成的影響。此外，我們也會不再受時間、空間、情緒和能量的影響，而能帶著對我們更重要的事物繼續往前邁進。

在練習這些技巧時，你或許只能專注一秒鐘，然後又會再度被念頭綁架，思緒飄移。如果是這樣也沒關係，只要重複使用上述任何一種技巧即可。你要記住，這些技巧的目的並非是要阻止或減少念頭的產生，又或是能讓人紓壓；而是要訓練你在面對壓力時盡可能全神貫注於當下，讓煩惱與雜念進不了意識裡。

「看見」想法

當你感到焦慮、忙亂、雜念叢生，想想是該由你牽引心智，還是讓心智牽引你？究竟是誰才該帶著誰去「散步」呢？你可以利用下面的建議幫助自己「看見」想法，並覺察當下的狀態。

- 試著盡量多留意你的想法。
- 你不需特別挪出時間來做這件事。只要像平常一樣生活或工作，但是要有目的、有意識地將更多的覺知帶入想法中。
- 試著留意所有的想法與念頭，即便它們會讓你感到心煩意亂。
- 記住你正試著多培養覺知，而且這個練習不只可以運用在讓你倍感壓力的想法上，也可以擴及至生活的各個層面。
- 當想法出現時，只要默默注意並覺察它們，或是將它們標誌為「想法」，或將之分類為：那是擔憂，那是分析，又或是過去、未來、評價、批評等；也可以利用上述提及「我注意到……的想法」等技巧。

行走靜觀

你是否常走同一條熟悉的路線（無論是在戶外、從床鋪到浴室，或是在辦公大樓不同的樓層間走動），但對於沿途的所有事物都視而不見？你是否注意過身體的感覺或觀看周遭的風景？我們多半都只是不自覺地在走路，卻從未真正注意到或是欣賞身體所具備的絕妙設計與能力。

在下一個練習中，我們將把覺知帶入走路的經驗中。在進行前，請先看以下的指示。

- 無論何時，都盡可能經常練習。
- 像是在起床後，從床鋪走到浴室的短暫距離、行走在辦公大樓的各個樓層間，或是每天前往餐廳或車站時，隨時隨地都可以練習。
- 當你從一處匆忙地趕到另一處時，或許感覺就會截然不同。
- 你也可以利用語音導引來幫助自己做這項練習。

練習21

出去散散步吧！

建議先將步驟用語音錄下來，之後邊聽邊練習。

1. 當你開始走路時，先注意腳與地面接觸的感覺。
2. 注意抬腳時不自覺的過程和動作。先抬起一隻腳往前跨出第一步，接著另一隻腳再準備跨出第二步。
3. 注意手臂不自覺的擺動。
4. 注意當身體在進行「走路」這件事時，有哪些肌肉是緊張或放鬆的。
5. 當你走路時，覺察身體重量在臀部兩邊和左右腳之間的變換。
6. 注意你正如何踏步、每一步的特性（例如是重或輕地踩在地面上），以及腳包覆在鞋子裡的感覺，還有腳踩在地板的感覺。
7. 當你前進時，注意空氣接觸皮膚的感覺，也留意暴露在空氣中和被衣服包覆住的部位，感覺有何不同。
8. 在走路時，注意衣物質料與皮膚間產生的摩擦。
9. 擴展你的覺知去注意周遭的環境。
10. 在走路時，你看到、聞到、聽到和感覺到什麼？

11. 周遭有什麼東西？假如這是一條你熟悉的路徑，有哪些是你未曾留意的事。
12. 擴展你的覺知，這樣你就能覺察到行走時的感覺和周遭環境，同時也能覺察到自身的想法和情緒等這些內在感覺。
13. 當你走路時，心中產生了哪些念頭？
14. 現在你有哪些情緒？它們很強烈，還是輕微呢？
15. 這些內在經驗正占據你的心，或是你能與它們保持一點距離並加以觀察？
16. 不需要評價這些內在經驗是好或壞，只要注意它們的原貌就好。
17. 在你走路時，當發現思緒飄移，又或者偏離了走路這件事時，只要知道自己產生了雜念，再將自己拉回到當下和走路這件事上即可。
18. 記住，分心後能再回到當下，是正念練習的關鍵。

正念小祕方

- 注意你的想法可能有股很強大的負能量，對於緩解壓力並沒有任何幫助。
- 在面對緊張、焦慮、壓力等負面情緒時，試著不要正面思考，或是藉由讓自己分心的方式與之對抗，否則只會造成反效果。
- 專注當下的生活經驗，讓頭腦保持清醒，並享受現實。

PART 3

療癒超載的壞情緒

情緒糟≠你很糟

- 瞭解自己為何無法安心地閒下來，無所事事。
- 接受負面情緒也是生活的一部分，瞭解自己其實可以利用正念應付它們，讓思路更清晰，進而幫助我們在生活中繼續前進。
- 即使身陷負面情緒，並不會影響工作效率，心情也能保持自在平靜。

07 停止負面吸引力

本章重點

- ❖ 忙碌讓我們和自己的情緒失去連結，無法接受和認清真實的感受。
- ❖ 不要試圖急於解決問題或推開痛苦，而要接納自己的脆弱與不完美。
- ❖ 每個人一定都會有負面情緒，它就是你的一部分，也是你之所以為「人」的原因。

許多來找我們做治療的人，都認為如果能如計畫中完成每件事，就能遠離伴隨忙碌而來的痛苦與壓力。但若往下細究他們無法停止強烈忙碌的原因時，這些人都會承認，其實他們也很擔心無事可忙會讓自己覺得沒有存在的價值。愈多待辦事項，就表示他們愈被重視，也愈成功。甚且可以說，忙碌讓他們覺得驕傲、覺得自己很優秀，他們認為，忙碌與「獲得正面評價」畫上等號。

對大忙人來說，閒閒沒事做除了代表自己「沒有價值」之外，他們可能還會產生：不夠好、失敗、被拒絕、不被信任或不討人喜歡等充滿自我批判、自我貶損的想法。這些都是隱藏在忙碌背後的負面感覺，也是我們試圖遠離與逃避的自己。也就是說，我們之所以如此忙碌，其實就是要忽略這部分的自己！

接受，才有力量

「缺乏價值」對任何人而言都非常可怕，它會使我們與挫敗產生連結，也就是：「無價值＝死亡或結束」。我們會跟這樣的負面思維努力奮戰，或是想盡辦法對自己或其他人隱瞞這種恐懼的感受。

然而，如果我們暫時放下手邊的事物喘口氣，做事不再拚命往前衝的話，究竟會發生什麼事呢？你是否問過自己：

- 慢下腳步究竟會有多大的殺傷力？
- 真的會發生最糟糕的事情是什麼？

● 我們的世界是否真的會如同遭到強烈撞擊般天崩地裂？

事實上，答案是「不會」。當然不會！

當我們用忙碌來麻醉自己、拒絕別人、逃避現實困境或該解決的問題時，我們要逃避的其實是自己的感覺、脆弱和缺點。在這種情況下，我們是用忙碌收拾情緒，但同時也和自己的情緒失去了連結，因而無法接受與認清自己真實的感受。

讓自己或其他人知道自己的不完美和軟弱，世界並不會毀滅，也沒有人會死去。會發生的，只是「你經歷了這所有的一切」。

利用正念，能幫助我們練習並培養覺知，接納所有的經驗，並瞭解我們所害怕體驗的那個自己，背後隱藏著什麼關鍵性的答案。我們也能學習從如迷宮般錯亂的生活模式中脫困，從此遠離窮忙、瞎忙的惡性循環。

在接下來的第八到十一章，還有利用正念說明解決多種負面情緒的具體方式與練習。

「有時候我在深夜清醒地躺著，並自問道：『我到底哪裡做錯了？』然後有個聲音會告訴我說：『這個問題可不是一個晚上就可以解決的。』」

——美國漫畫家 查爾斯・舒茲（Chales M. Schulz）

擁抱不完美、不勇敢的自己

剛開始要辨識自己的負面情緒時可能會很棘手，因為我們身體裡的每個細胞都會處於「紅色警戒」狀態。在感覺受到威脅時，我們的皮質醇濃度會升高，並努力想要搞清楚到底要怎麼「做」才能讓情況好轉，因此會覺得壓力很大。

當產生負面情緒時，我們的身心都會受到影響，我們會試著去「修復」它們，而且愈快愈好。只是愈掙扎，感覺往往愈糟，到最後只好失望沮喪地放棄。我們這些心理師每天都在診所裡看著這樣的戲碼上演，以下的個案研究便凸顯了這樣的情況。

正念案例 從負面情緒中出走

瑞塔是個漂亮、成功又聰明的年輕女性，在倫敦從事管理顧問的工作。她工作勤奮，努力彌補自己的不足之處。她來治療的目的，是希望處理她的負面情緒，像是憂鬱和揮之不去的挫敗感。

當她拿出筆記本寫下她在療程中要做的事，卻發現這樣做毫無效果時，感到相當錯愕和沮喪。

以下是從某次療程中所節錄的一段對話，內容是討論她揮之不去的孤獨寂寞。

我們要她什麼都不用做，只要專心呼吸，注意她的想法和身體知覺的出現就好。大致情況如下：

吸氣：腹腔神經叢緊繃。

吐氣：排山倒海的寂寞感襲捲而來。

吸氣：我受不了了；我必須停止。

吐氣：我胸口很悶。

吸氣：我覺得驚慌失措。

吐氣：我辦不到。

吸氣：我得停止了。

於是，她停止練習，然後哭了起來。我們雖然在一旁鼓勵她，說她已經抓到要領了，但也知道其實她說得沒錯，她的確無法「做」正念練習。她已經發覺自己的習慣模式了，而這就是她有這麼多苦惱的真正原因。

因為當她腦中有那麼多的想法在對自己呼喊時，她感覺無法應付；而且她也相信這些想法所言為真，所以拚命想要「做」點什麼事來處理它們，這是她長期以來處理負面情緒的方式。此外，也因為她是個事業有成的人，她將成功歸因於自己認真工作，之所以失敗一定是因為努力不夠所造成的。

這樣的思考邏輯，讓瑞塔在努力不得法時，會更賣力也更辛苦。因此，她感到愈來愈憂鬱、焦慮，工作時間愈拉愈長，更忙到沒空花時間在愛情、朋友或娛樂這些私領域上。

後來，瑞塔領悟到沒有所謂的「失敗」，因為人生不是一場測試或評比，並非真有什麼事需要改進、解決。如果試著不要那麼努力地去修正每一件事，生活會更簡單，也更有效率。於是，她徹底改變了。

現在，她已擁有一段美滿的愛情，感覺更開心。在工作上變得更有效率，自信心也大增。

我們可能就像瑞塔一樣，過度分析並專注在那些被當作是問題的情緒上。但是，這些負面情緒並不是問題，而是症狀，只是我們拿放大鏡加以檢視，並試圖去糾正和消滅它們，因而內心產生掙扎，這才是真正的問題所在，也是這些症狀更加惡化的原因。

那麼，這種奮力掙扎有何解方嗎？有的，那就是放下這種抗拒——別再想太多，別再試圖解決問題，也不要嘗試推開我們的「痛苦」。正念跟正向心理學不同，它不是要我們求對抗或迴避負面情緒，也並非要壓抑自然產生的念頭，而是要接納自己的脆弱與不完美，換句話說，就是要接受現實。這就是所謂的「正念」。

下面這三件事才是最重要的：你是否好好愛過？你是否活得充實？你是否已徹底放

下？

——釋迦牟尼

不再成為情緒的囚犯

以下的練習分成兩個部分（第二部分可以利用語音導引協助）。它們利用不斷地自我問答，幫你釐清隱藏在忙碌背後的感覺，直到你瞭解自己試圖想要逃避的內心感受（可能是失敗或遭拒等受挫的感覺）。然後，有自覺地先接納，然後再釋放這些負面感受。

藉由承認、接納、認同等過程，我們可以體驗到更細微的感覺，可能是焦慮、不耐煩、痛苦等等，甚至你還能感覺到它是位在你身體的哪個部位。

這個正念練習，或許無法消除你難受的情緒，但有助於我們接納這些感覺，而不會深陷其中，並且能用更全面、更深入的方式去探究它們的真面目。

練習22 感覺你的感受

第一步：追根究柢

1. 自問下面的問題。
2. 假如我現在不衝動行事（包括：馬上出門、查看和回覆電子郵件、看臉書訊息、打電話給朋友或老闆等），有哪些我擔心的事可能會發生？
3. 會產生什麼問題／接下來會發生什麼事？
4. 你可能會產生什麼感覺？例如，我會覺得「XXX」（沒有價值、失敗、被拒絕、不被喜愛……等等）。

建議先將步驟用語音錄下來，之後邊聽邊練習。

第二步：面對與接受

1. 沒錯，你的「XXX」（例如：覺得自己沒有價值），跟所有的忙碌、壓力、焦慮和挫折全都攪成一團。
2. 現在花幾分鐘，只要靜靜觀察這個經驗，以及任何焦慮、挫折、忙碌和壓力的感覺。
3. 讓這些感覺自由來去。留意你想按照這些感覺行事，或是想讓這些感覺遠離的衝動。注意這些感覺和衝動的強度是如何變化。

4. 與此同時，你可能也會出現一些雜念，像是：這個練習完全沒幫助、你有太多事要做、你今天可沒時間玩這種正念的遊戲……等等。就讓這些想法自由來去，彷彿是在你的覺知天空裡飄過的雲朵。

5. 現在，注意你心裡所產生最強烈的感覺，或許是覺得自己毫無價值，或是恐懼、焦慮、悲傷、挫折等。進一步察覺這種感覺是在你身體裡的哪個部位，是在胸部、頭部、肩膀、心臟還是腿部？

6. 用注意力擁抱這種痛苦的感覺，就像慈愛的父母抱著孩子般。現在就把時間和注意力放在它的身上。你不需要喜歡這種感覺，只要擁抱它。

7. 現在，深吸一口氣，並讓這口氣包圍住這種感覺。稍後當你吐氣時，也同時釋放你跟這種感覺的糾結與緊張。想像你的吐氣能帶走這種掙扎。

8. 難受的情緒不一定會改變。但是記住，我們的目的並不是要改變這個感覺，而是接納它。它是你的一部分，它也是你之所以為「人」的原因。這種感覺我們每個人都經歷過。就讓它離開吧！

別和自己過不去

以下這個「REAL」的方法，能讓我們在遇到困境、覺得束手無策時，知道該怎麼做。

R辨識（Recognising）：讓我們能注意。
E體驗（Experiencing）：讓我們願意接受而非抗拒。
A分析（Analysing）：讓我們能探索並帶著好奇心。
L放手（Letting go）：讓我們不再利用某種經驗來定義自己是誰。

- 辨識：想像現在正下著傾盆大雨，你站在雨中。你可以為自己量身編造一個「下雨天，倒楣天」的故事。這並不是所謂的「覺知」，相反地，是要用你的感官去注意、去覺察雨水的聲音、氣味、觸感、味道和外觀。記住，你不必喜歡這些事，只要辨識和注意它們即可。
- 體驗：無論我們是高舉拳頭怒指天空，詛咒雨神；或是觸景生情地為自己的不幸遭遇哭得不知臉上是雨還是淚，雨勢都不可能因為我們不喜歡它而停止。下雨這件事並不是針對你個人而發生的。它並非「你運氣不好」，而是「它就是發生了」。

- **分析**：現在用全新的觀點來看這個情況。雨水滲入我們的領口，淋塌了我們時髦的蓬頭。何不花點時間好奇地探索這個「濕答答」的世界呢？
- **放手**：現在我們已經喚醒對當下的意識，就讓它保持原貌，並環顧四周，情況可能並不是太糟。即使是有點討人厭，但我們或許還可以忍受。這只是一場雨。歸根究柢，暴雨又不是跟你有仇，它何必掃你的興呢？

正念小祕方

- 試著辨識和察覺你的情緒（不論是好的或壞的）。
- 找出你忙碌的原因，以及潛藏在其背後你想要逃避的那些感覺。
- 在你的覺知中擁抱痛苦的情緒，不再與之對抗，深吸一口氣，接納它們；再吐一口氣，放掉它們。
- 練習REAL的正念法，藉由辨識、體驗、分析和放手，改變你和情緒之間的關係。

08 學會放空

本章重點

- ❖ 用心體驗你的無聊時光。
- ❖ 瞭解「無聊」在忙碌生活中扮演的角色。
- ❖ 設法專注在「無聊」這件事上，而不是利用分心的方式予以漠視。

許多人（或許你就是其中之一）每天明明很忙碌，但心中缺乏充實感，覺得自己只是在瞎忙、窮忙。

我們常利用忙碌來逃避像是無聊乏味、心煩意亂、恐懼、難過或悲傷等令人不舒服的感覺。我們本能地厭惡這些負面情緒，因為我們知道最好別招惹它們，否則可能會應付不來；或者一旦察覺到自己有不快的感覺後，它們可能會永遠揮之不去。

另外，無所事事的狀態，往往也會令人與浪費生命、不負責任、遊手好閒等聯想在一起，因而產生罪惡感。所以，忙碌、焦慮的人會害怕孤單安靜，他們無法忍受無聊，可能也會不知如何獨處，只好像無頭蒼蠅一樣忙個不停。

如果你長期做著不快樂、缺乏成就感、無法感到滿足的工作，或覺得被困在生活中停滯不前，又或是一直追求永遠不可能實現的虛妄夢想，這些狀況都是警訊，告訴你是該採取行動改變的時候了。

樂在無聊

切斷與周遭事物的連結，專注在當下，這種中斷、放空的狀態，可以給自己一些不受打擾的時間與空間。尤其在資訊爆炸、人際互動頻繁的時代，我們非常需要排出這種「什麼都不做」或「無事可做」的時段，讓忙碌的心智安定下來，細細省思自己的現況與前進的方向。有很多全新看待事物的態度、新奇的創造力，以及從未思考過的觀點，都可能在無聊與放空時突然靈光乍現。

此外，無聊和放空也提供了有用的線索，讓我們知道自己正在逃避不喜歡、不舒服的感覺或事物（這就是在REAL裡的「辨識」）。在我們學習如何抑制逃避的衝動時，正念可以成為無聊的沃土（即REAL裡的「體驗」），藉由採取好奇的態度便可做到這一點（REAL裡的「分析」）。或許我們可以放手，讓自己「應該做點什麼事」的習慣想法和衝動就此經過、消逝（即REAL裡的「放手」）。

練習23

好無聊的練習

你可能會覺得，以下的習題，是你做過最無聊的正念練習了。但請你還是耐著性子做完它，而且想想：是這個練習無聊，還是你的心很無聊呢？（注意：答案中有些選項是以粗體字標示）

R辨識：

- 什麼事情會讓你感到無聊？（單選）

你的狗狗、等待、新聞、時鐘、寂靜、你自己。

● 做哪些事情能讓你忘卻無聊？（複選）

食物、電視、臉書、講話、喝飲料、傳簡訊、性愛、雜誌、運動、工作、收音機、DIY、畫畫、抽菸、打掃、擔憂、假日、賭博、做白日夢、開快車、賞鳥、上夜店、投資理財、睡覺、你自己。

● 你現在有多無聊？

自我評分

從0％（如果你是充滿熱忱地為自己和所有人忙個不停）到100％（如果你無聊到飽食終日，無所事事）。

E體驗：

● 你如何能坦然接受無聊的事實？（挑選對你有幫助的選項）

★提醒自己有句禪語說道：「如果你明白，事情就是這樣。如果你不明瞭，事情還是這樣。」

★重複說：「就是這一口呼吸，就在這個當下。」
★試著輕柔地擁抱這個想法／感覺／知覺。
★想像自己是一座山，無論天氣如何變化，永遠屹立不搖。
★其他。

● 我現在能夠與無聊共存到什麼程度？（單選）
1.完全不行 2.稍微可以 3.勉強可以 4.如果我願意也還可以 5.完全沒問題，我根本就是個禪寶寶。

● 關於體驗無聊的這個經驗，我會告訴自己什麼？（單選）
★我根本做不到。
★我失敗了。
★我現在太無聊或注意力不集中。
★我被難倒了。
★哇，「我好無聊」這件事真是有趣！

A分析：

● 當用心探索這種無聊的情緒時，有可能發展出……（單選）

★一陣混亂。

★能統治全世界的超級計畫。

★一本名為《無聊人士回憶錄》的小說。

★以上皆是

★覺知與領悟。

● 抱持好奇的態度可培養出：（可全選）

★興趣。

★熱忱。

★證明自己的價值。

★覺知。

★誠實。

★勇氣。

★意願。

●有益的意象，可能包含想像自己是：（可複選，如果選擇最後一個就只能單選）

★科學家。

★探險家。

★火星人。

★猴子。

★拿破崙。

L放手：

●拋開無聊意味著：（單選）

★把無聊的想法丟到一邊。

★假裝沒這回事，然後歡天喜地繼續過日子。

★因為產生這種感覺而自責。（唉，我又來了！）

★深陷在自憐、生活單調的藉口中。
★找點事做，譬如去參加高空跳傘，或是織毛衣等。
★變得冷漠、疏離，覺得事不關己。
★輕輕地放開這個習慣，然後只是觀察它。

● 當我不無聊時，我可能會變得如何呢？（可複選，並將答案加上最後一個選項）

★沮喪。
★失望。
★害怕。
★有趣。
★熱情。
★瘋狂。
★無拘無束。
★不知道。
★比較能意識到當下。

● 下列哪一項有助於你放手？（可複選）

★注意、留心與觀察自身的想法、情緒、感官知覺、行為和習慣。

★退一步，海闊天空。

★對其他可能性採取開放的態度。

★就是放下。

★我還不知道耶！那就是為什麼我正在讀這本書的原因啊。

練習 24 讓沉悶的會議變得有趣

當無聊來襲（譬如參加冗長乏味的會議）時，你可以利用下列技巧，讓自己樂在無聊。

1. 留意你如何覺察到自己感到無聊。或許是因為你的姿勢、臉部表情、呼吸或念頭等，有某個特別「讓你覺得無聊」的東西出現。注意你「覺得無聊」這件事，並且不斷將注意力拉回到這上面。

2. 跟你的無聊一起呼吸、併肩躺下、頑皮地扮鬼臉，或是做任何事。

3. 在這個時刻，注意你呼吸的起伏。

4. 或許無聊正在變化，也或許它現在就在附近徘徊不去。

5. 鼓勵自己去檢視這個時刻。想像你跟無聊並不太熟，用旺盛的好奇心重新看待它，就好像它是個外星人或是隻猴子；看你能發現什麼端倪，並聞聞嗅嗅它。與它建立關係，覺察你的無聊。

6. 假如你覺得很難做到，就放手讓它離開。這只是一個經驗，只是一種感官知覺，只是一個時刻。

7. 每次當你放棄對抗這種情緒時，就是在放下一輩子對它習慣的思考方式和反應方式。當你每一次這樣做時，也深吸一口氣。

正念小祕方

- 在資訊爆炸的時代，我們需要「什麼都不做」或「無事可做」的無聊與放空時刻。
- 無聊和分心往往表示我們其實正在逃避某件事，或想要擺脫某種令人不舒服的感覺。
- 每天都試著讓大腦放空一段時間，可以讓我們更具創意。
- 做文中所提到關於「好無聊」的正念練習。

09 為身體減壓、遠離病痛的困擾

本章重點

- 學習因應失眠、嗜睡、無精打采和病痛的方法。
- 察覺到我們常利用幻想和做白日夢，以逃避忙碌的現實生活。
- 為何幻想和嗜睡常是人們逃避負面情緒的方法。

睡眠障礙、愛幻想和身體不適（或心神不寧）等症狀，都是很「稱職」的掃興鬼，也常跟無聊一起報到。它們可能已經是種長期的習慣，而且通常也是你想逃避某些負面感覺（例如：痛苦）的表現方式。不過，當我們和它們相遇時，會看見自身慣性思維的另一面，也會發現我們早已忽略的真正情緒。

現在，我們將依序逐一討論這些困擾。

關閉身體的總電源

一般而言，假如你覺得無精打采、提不起勁，我們在心理學上具有高度精闢見解的建議就是——去好好睡個覺、補個眠吧！

不良的睡眠品質，會導致許多心理健康的問題（譬如：憂鬱症）。然而，當你忙到不可開交，腦袋高速轉個不停，基本上就是有點快抓狂失控的時候，說實話，上面的建議，說要比做來得容易。

儘管如此，假如你能意識到自己需要更多休息的話，至少就是件還不錯的事。另外，更好的消息是，只要你能停留在覺知中，就可以獲得安靜的力量，享受片刻的放鬆。

假如你經常覺得疲倦，尤其是當你試圖要將注意力放在當下，又或是手邊有重要的工作要做時，更容易產生這種狀況，這種疲憊感很可能代表你其實想躲到溫暖的被窩裡，以逃避負面的情緒。

當身體不適、感覺自己快生病時，正念注意力是很不錯的早期介入治療法，這將有助於我們預防身心的煎熬與折磨。或許你已習慣於任性地對這些身心提出的警訊置之不理，仍按著既定的步調工作、生活，或是靠著咖啡因或藥物提神。我們在此有個另類的建議，而且好消息是——你在床上就可以輕鬆做！

在做以下的正念練習前，先看看一些有用的提示：

- 就本練習的目的而言，無論你在過程中是否不小心睡著，都不會有任何影響。
- 如果你還有其他事情要處理，在開始練習之前，先決定你想進行的時間長短，並設定鬧鐘。如果你擔心自己會睡著，就先拜託他人屆時輕輕把你喚醒。
- 當你發現自己有嗜睡或失眠的症狀時，記得運用REAL（辨識、體驗、分析和放手）的原則多加練習。
- 很可能當你在做這項練習時，會發現自己平常太忽略疲倦的感受，並且警覺不讓自己好好休息睡覺，是多苛刻的行為。這些可都是基本的生理需求啊！

現在，我們就來好好享受溫暖舒適的感覺吧！

練習25

躺床的正念練習

……

這個練習可能會花大約短則六十秒，長則甚至要到一整天的時間，你可以自行決

……

定。

- 用你覺得舒服的姿勢坐（臥）在床上，並讓自己沉浸於當下。
- 注意身體的姿勢，並維持不動。
- 留意身體和棉被間的接觸。
- 留意身體接觸輕柔、彈性十足的床墊時的感覺。
- 體驗周遭溫暖、柔軟和舒適的感覺。
- 觀察內心是否有任何煩躁或不安的情緒。
- 繼續停留在這些觸覺上，並對它們產生興趣與好奇。
- 留意有哪些想法出現，很可能是想要繼續睡覺或起床的慾望。試著保持原來的狀態，並看著那些想法和慾望飄移。
- 讓專注力停留在當下，讓它輕柔地留在被窩中。
- 你就在這裡，就在床上。留意你的姿勢、所有的感官知覺、情緒和想法。
- 享受當下，什麼都不必做。

平時多留意自己的姿勢，對於減輕一整天所積累的疲勞也會很有幫助。此外，當你開始注意到自己的嗜睡或是失眠問題時，這些症狀很可能由來已久，只是現在才顯現出來。利用正念和專心一意觀想自己，你便能打破自己和嗜睡或是失眠之間徒勞無益的關係。

當幻想變成自動導航模式

我們都喜歡沉浸於想像的美好事物中，例如，充滿陽光的熱帶沙灘就是許多人特別喜歡幻想的場景。我們也常做白日夢，期望人生在某些方面能有所不同，比如：生活更悠閒、鼻子再小巧一點、房子能再寬敞一點、性愛生活能更美好、能加薪升遷、雨下得少一點、身體健康一點、政治人物更誠實一點……等等。

此外，我們還會選擇性地回憶那些曾讓自己覺得很快樂、平靜，且一切都如意順遂的美好時光。在那些時刻，我們不論處理任何事都易如反掌、得心應手。

然而，幻想往往過於天真，會讓人誤以為自己能得到「真正的幸福」，也會讓我們對於自身的命運感到不滿，因而不切實際的綺夢遐想可能會與現實脫節，成為戕害我們的誘人毒酒。

當我們沉溺於過去美好的回憶、期盼能改變現實，或者寄望未來能更光明時，我們很可能就不小心拒絕了當下，也連帶拒絕了自己。因為，以否定的心態看待現在的自己就等同我們認為「現在還不夠好」（雖然，有時候也真是如此）。與此同時，我們也會變得不滿足，充滿負面的想法。我們可能會覺得自己過著一成不變的無趣生活，被破壞愉悅或正面的事物所包圍，於是，更容易陷入欲求不滿的無底深淵之中。

練習26 享受暫停的美好

以下的「暫停練習」能幫助你將心固定在當下，讓能量聚焦，使你保持清醒，活力充沛，減輕疲憊；也能提升工作效率，減少錯誤。在暫停時刻，我們還會對匆忙、變幻不定或是平時忽略的事物，給予更多空間與觀照。

- 現在，無論你身在何處，請停止手邊正在做的事。
- 抬頭看看四周。

- 深呼吸。
- 讓自己完全沉浸其中。
- 然後，慢慢回到現實裡。
- 現在，注意你周遭的色彩，聽聽聲音、聞聞氣味、摸摸質地，以及品嚐味道。這就是你的人生。

每當你察覺到自己的意念、想法正處在不請自來的妄想或幻想中時，就可以重複上述的步驟。即使你有強烈想要逃離現實的慾望時，仍得注意自己是否正產生覺知。你不需隨想像起舞，只要放掉各種念頭，與之保持距離，並集中精神，維持平靜，體會自由與輕鬆的感覺。

心理不舒服，身體就受苦

當人們感受到害怕、壓力、緊張時，激增的腎上腺素會在體內四處流竄。即使只是勤動腦的心思忙碌，非從事肢體活動的疲勞痠痛，也一樣會讓腎上腺素飆升。

雖然身體可以讓我們察覺自己到底有多忙、壓力有多大等諸多訊息，但通常都要等我們注意到心跳加速、呼吸急促、頭痛、暈眩、嗜睡或者肌肉拉傷等不適症狀產生時，才會赫然發現原來自己長期一直無意識地處於忙亂的狀態中，而且承受著極大的壓力。

就像我們的想法和感覺會彼此交互作用一樣，身體和情緒亦然。正念練習要求我們不只要注意並覺察自身的感覺、想法和行為，也要留意身體的狀況及各種感官知覺。身體是情緒不斷堆疊累積的所在，覺察身體的反應也可以提升對內在情緒的察覺，藉此在情緒尚未緊繃或高漲前，就先加以轉化、處理。等生理狀況穩定後，心理也會跟著變得平靜。若不能產生這樣的覺知，只會徒增壓力，鎮日忙碌而不自知。

更進一步說，在我們的身體和情緒間存在著一種反饋迴路，亦即身體與情緒是相互連結的，彼此會產生連鎖效應。例如，當你微笑時，你會立刻感覺更快樂；（你現在就可以馬上試試！）但如果愁眉苦臉，你會覺得更難過或壓力更大。又或者當你低著頭、自顧自地往前快步行走時，肯定會覺得更匆忙、心情更沉重。

以上述方式來觀察身體是很重要的。如此，我們便能隨時覺察身體正傳遞什麼樣的訊息給情緒，然後再藉由做些簡單的肢體調整，減緩心理與情緒上的諸多不適。我們對於身體不適所做出的回應，跟回應心理和情緒不適的方式完全相同。覺知和接納可以讓我們更瞭解自己的身心狀態，並意識到自己必須有所改變，譬如懂得照顧自我（像是腰痠背痛時拿個靠墊放在身後、口渴時喝水，或是領悟到必須化解跟某人的爭執等）。

練習27

先緊繃後放鬆的肌肉鬆弛法

以下兩種截然不同的姿勢，會充分反映並持續影響你的心情，而且這兩者是持續循環、不斷產生的。當你做完練習後，再比較第一個與第二個姿勢分別會帶給自己怎樣的身心感受。

- 當你處於極度的壓力和忙碌狀態下時，身體會有什麼感覺呢？你會有什麼姿勢？
- 花點時間想像，或者嘗試做出可能會產生的姿勢，諸如：肩膀緊繃、弓著身體、全身僵硬，還有用雙手摀住額頭等。提醒自己注意那是什麼樣的感覺。
- 現在，想像當你感覺壓力減輕後，放鬆且幸福的感受（或者你也可以回想之前曾有過那種感覺的時光），身體和姿勢又會變成如何？

- 試試看做出這種比較放鬆的姿勢，例如肩膀或雙手自然下垂。

練習28 **改變姿勢，為身體減壓**

- 平時多注意你的身體狀況、姿勢，以及你回應不愉快身體感官知覺的習慣性衝動。
- 當你高聳的肩膀快接近耳朵時，讓它們慢慢下垂。無論你有多緊張忙碌或壓力有多大，都要重新調整姿勢，讓身體回復挺直並保持放鬆，而不是彎腰駝背，全身緊繃。
- 不要本能地推拒你不喜歡的感官知覺。注意它們，並應用REAL的方式，或者讓身體放鬆，放棄任何想要與之對抗的衝動。

練習29 **正念隨身行**

不論是在搭捷運、過馬路等任何時候，都可以做做以下正念隨身行的練習。這個練習的目的是要幫助你覺察身體的感受、習以為常的行為動作，以及瞬間的本能反應。

- 停下腳步。
- 現在你的身體有什麼感覺？
- 雙腳正迫切想要加速前進嗎？
- 肩頸有僵硬或緊繃的感覺嗎？
- 你是怒氣沖沖、皺眉或微笑？你的表情是僵硬，還是臉部肌肉像水蜜桃般柔軟？
- 當交通號誌改變時（或捷運車廂門打開時），你的身體做出什麼動作？
- 試著帶著正念過馬路（或是走出捷運）。

其實，病因就潛藏在情緒裡

基本上，當你身體不適時，會產生下列四種反應。利用正念，可以提醒我們要經常注意身體狀況。

一、即時調整姿勢，或是採取自然本能的反應（如：想上廁所；覺得冷、餓、累

等）。

當長時間久坐不動（譬如坐在桌前，眼睛盯著電腦螢幕看一整天），難免會感到某種程度的不適，在這種情況下，大多數人都會本能地調整身體的姿勢，來回應或改善不適。

此外，生理需求也常與情緒反應互相連結，例如我們覺得很熱時會較容易生氣（想想一些形容詞就可以瞭解了，例如：「一頭熱」、「需要冷靜」等）。

自我照護的覺察非常有幫助。若缺乏這種自覺，我們將無法以最有效的方式來回應不適感，而只是一味忍耐、忽略，繼而對這種不舒服感到痛苦、不耐和惱怒。

二、煩躁不安、心神不寧。

持續的煩躁不安往往是習慣性的反應，這顯示我們的心智也是同樣的焦躁不安、心煩意亂、無法安於現狀，只是這些感受往往為人所忽略。

深入研究和探索這種心理狀態是非常有用的。留意你的慣性思維與常用藉口，盡量與你的煩躁不安「打交道」，搞清楚這種情緒與反應到底想傳達什麼訊息。

三、短暫的疼痛或不適。

短時間的疼痛或是疾病雖然會讓人感到不舒服，但是我們卻常加以忍耐，因為它們往往轉瞬即逝，所以除非經常出現，否則並不會像長期疾病一樣令人苦惱。

不過，萬一不適的感覺仍持續存在，我們可能會開始利用這些不適的症狀編造故事：被蚊子咬的包會變成蜂窩性組織炎、受傷會演變成永久性失能、咳嗽會惡化成為肺炎……我們經由自己對於痛苦和不適所產生的誇大想像，創造出苦難。

也就是說，我們在情緒上依附自己編造的故事，透過身體疼痛的經驗，似乎也證實了它們的真實性，因此疼痛變得更具威脅性，我們的身體就變得更緊張，進而產生更多疼痛，如此形成一種惡性循環。

正念對於短暫疼痛的處理方式，是要求我們注意疼痛和不適感，也留意我們習慣的反應方式。不需要置之不理，也不需要沉溺於自編自導的故事中，只要留意那些感覺就好。疼痛或許會消失，也或許不會，但我們的苦惱會消失。當我們不再受苦時，就能注意到所要面對的真正問題，也會發現自己能以不同的方式跟疼痛和平共處。

四、長期的疼痛或疾病。

有時我們對於輕微的不適或疼痛所產生的厭惡是有幫助的，因為它會讓人嘗試以吃藥，或是以變換姿勢等各種方式舒緩疼痛。但長期或是慢性疼痛則令人厭惡至極，難以忍受。這時，利用忽視、分散注意力、暫時抑制疼痛或不適感等方式，是不管用的。

若有慢性疼痛的問題，關鍵就在於「接受」，然後去探索和研究自身與疼痛的關係，坦然接受我們與苦難間難以斷絕的依附關係，並培養慈悲心（第四部將有更深入的探討）。

正念的目的並不是為了忍耐、受苦或是認命地接受疼痛。利用以下檢視感受與身體掃描的正念法，你就會瞭解該如何跟疼痛共處。

練習30

檢視自己的感受

- 無論你現在正在做什麼事，都先暫停一下。
- 用正念專注力快速掃視身體，並留意下列的各項反應：
  ★身體的緊張或放鬆。
  ★飢餓。
  ★口渴。
  ★體溫。
  ★需要上廁所。
  ★疲倦。
- 隨時提醒自己留意，對於這些反應，你可以有許多不同的選擇。
- 你產生的是習慣性反應嗎？這些反應代表了什麼意義？你還感覺到什麼？
- 判斷哪些回應方式會對你最有幫助或最適當？

練習31

身體掃描

花三分鐘感知你的身體。你也可以利用語音導引來協助做這項練習。

- 一邊繼續做著手邊的事，一邊進入你能夠注意到的身體感官覺知中。
- 像個好奇的科學家去認識和標示它。例如，「我胸口鬱悶」或「我的頭會痛」。
- 如果你的思維介入評價這件事，試著去覺察你的想法，並回復到只是單純注意和觀察這個感官知覺的狀態。
- 最後，無論你正在做什麼事，注意自己的姿勢，將身體從頭到腳掃描一遍，徹底觀察你的身體。

練習32

與痛苦共處

如果你發現在做上述練習時遇到困難，不知該如何利用正念來處理你的疼痛或身體不適，可以利用下面的流程圖來幫助你。

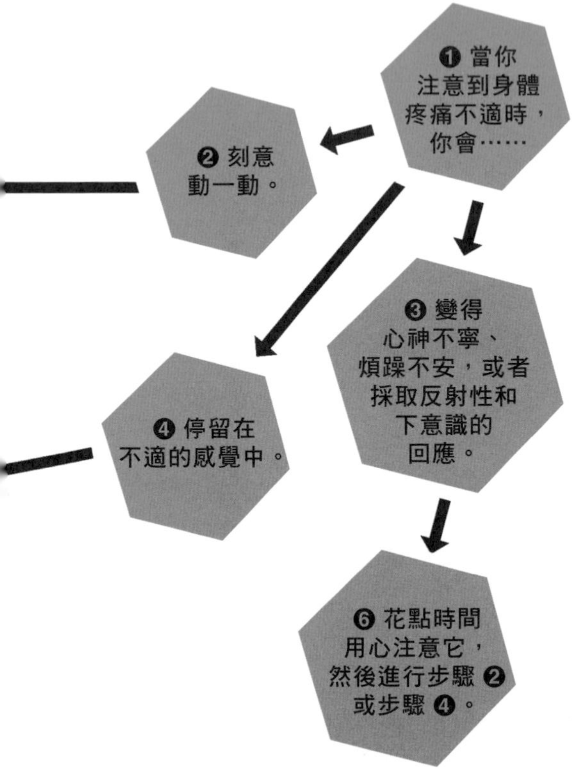

❶ 當你注意到身體疼痛不適時，你會……
❷ 刻意動一動。
❸ 變得心神不寧、煩躁不安，或者採取反射性和下意識的回應。
❹ 停留在不適的感覺中。
❻ 花點時間用心注意它，然後進行步驟 ❷ 或步驟 ❹。

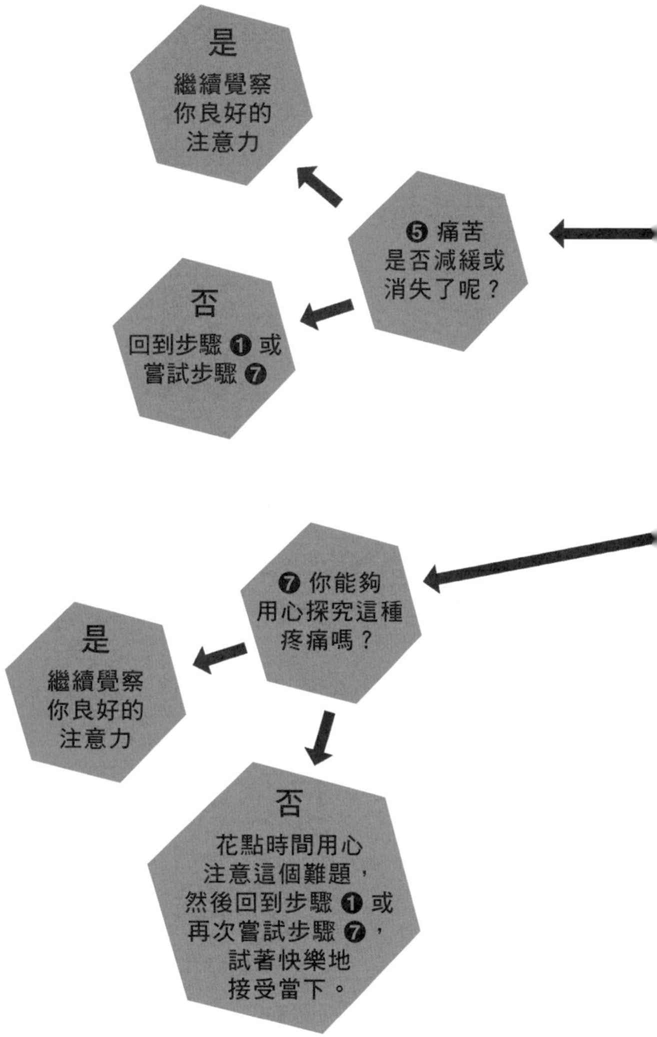
是
繼續覺察
你良好的
注意力
❺ 痛苦
是否減緩或
消失了呢？
否
回到步驟 ❶ 或
嘗試步驟 ❼
❼ 你能夠
用心探究這種
疼痛嗎？
是
繼續覺察
你良好的
注意力
否
花點時間用心
注意這個難題，
然後回到步驟 ❶ 或
再次嘗試步驟 ❼，
試著快樂地
接受當下。

正念小祕方

- 注意自己何時會忽視或沉溺於嗜睡、失眠、心神不寧、幻想這些行為中，這可能是你逃避負面情緒的一種方式。
- 身體和情緒間有一種反饋迴路，能彼此相互連結，也會產生連鎖效應。覺察身體的反應可以提升對內在情緒的察覺，在情緒尚未緊繃或高漲前，先將之順利轉化並處理。
- 適時將身體姿勢調整至放鬆狀態，將有益於靜心與減壓。
- 利用正念檢視疼痛不適的經驗，並戒掉疼痛成癮的習慣，以減輕疼痛。

10 尋找憤怒的解藥

本章重點

- 認識你的憤怒，並學會如何控制及與之共處。
- 瞭解逃避或陷入憤怒的情緒，對於完成事情和實現你想要的生活毫無幫助。
- 生氣不是生命的重心，人生有太多比生氣更重要的事。

憤怒是人生中無法避免的負面感受，也是情緒反應中破壞力最強的，只是它在每個人生活中的占比多寡會有不同。

在理智上，我們都知道應該盡量壓抑怒氣，不讓情緒失控。但當氣急攻心、怒火中燒時，很少人能真的避免失控抓狂。

怒氣不但危險，也具有破壞力或攻擊性，甚至還會讓我們變得不可理喻，像完全變了另一個人似的。我們可能會暗自在心中盤算，策劃「君子報仇，三年不晚」的復仇計畫，這時我們很可能就會找上「幻想」，這表示我們正嘗試拒絕接受現實，想力挽狂瀾，扭轉頹勢。

假如你目前採取的策略一直都是不願面對現實，或是要對抗更強大的對象，那麼或許你要慎重考慮，因為你永遠都會是輸家，這根本是浪費寶貴的時間。

當我們的憤怒被壓抑或無法表現出來時，就會產生挫折感，而不耐煩就是透露出憤怒的一種形式。這些憤怒的表現方式，也許不是相當火爆，但它們就像好幾隻看門狗在狂吠，並以下面各種不同的形式表現出來，包括：譏諷、挖苦、挑剔、惡意中傷、抱怨、蓄意破壞、惡作劇、嘲弄和激動，並且也創造了我們在上一章所討論的身體情緒反饋迴路。

如果你自覺你臉上的表情常像是在對別人說一千則憤怒與不滿的故事，那麼，請你試試看以下的練習。

練習 33 從身體語言破解情緒密碼

假如你一整天都眉頭深鎖，那麼你一定會感覺到更大的壓力與挫折。現在就試試看，和緩地練習看看！

- 試著緊皺眉頭。
- 注意在這一刻，你有什麼感覺。
- 你覺得心情有什麼變化？立刻感到更加心浮氣躁了嗎？
- 同樣地，假如你肌肉繃緊，或是收緊下巴，你可能會覺得更緊張、壓力更大。

花點心思檢視你憤怒的表情和緊繃的身體。藉由一些簡單的身體覺察和重新調整，可以有效減緩憤怒的情緒。

如果能像小孩一樣發飆

憤怒除了會讓你厭惡這個世界之外，也可能在你的內心世界裡迅速擴張，並以強大的內在自我批判方式不斷貶抑你。記住，憤怒總是會讓你處於防衛狀態。

在試圖表達想法與展現自我意志時，我們的想法、言辭和行動可能會變得非常誇張，你甚至會發現自己跟無理取鬧的兩歲小孩其實有些共通之處。

大哭大鬧或是情緒失控地發飆，或許是發洩受挫或憤怒情緒最完美的方式。我們當然比兩歲小孩還獨立自主，但在情感上與他們是類似的。一個目中無人的兩歲孩子，會認為自己是宇宙的中心，全世界都應該服從他們的意志，發脾氣對他們來說也是很重要的事。在一陣灑潑後，大人會慈愛地抱起他們，說道：「不行，小寶貝，現在不是做什麼什麼的時候，而是應該如何如何，我知道這對你來說不容易……」當在發怒後被這樣溫柔的方式對待時，我們的心理也會跟著身體一併得到撫慰。

但是已身為成人的我們，很少會碰到這樣被包容、被同理的狀況，所以在怒火攻心時，我們或多或少會回到兩歲左右的心理狀態。只是當我們用誇張的言辭或是行動來表達心中的憤怒時，通常會讓情況更糟。

身為一個成人，如果我們能利用正念多瞭解憤怒這種負面情緒，就能夠發現其實自己常常是在用更強烈的怒氣，或是乾脆用漠視的態度來對待憤怒。現在，來仔細看看我們說話的用辭。

失焦的爭辯

生活中很少有事情會從不偏離常軌或者毫無例外。或許，你之所以惱怒，是因為你所愛的人，又或是讓你生氣的情況，偏離了你所設定的規矩。

當我們生氣時，通常會使用堅決的語氣，以特定的詞語來說話。回想當你自己或是你認識的某人在生氣的時刻，看看下面有哪些詞語讓你覺得心有戚戚焉：

（你／你們／他們／它／他／她）總是……

（你／你們／他們／它／他／她）從不……

我告訴你／你們／他們／它／他／她一百萬次了……

每一次

不可能

一直

一天到晚

沒有人

每個人

永遠

完全不想

什麼都不要

再舉些例子來說。「你總是嘮嘮叨叨。每一次看到你都沒有閉嘴的時候。」「我告訴過你一百萬次我會抽空去做，但最近都很忙，我真的沒辦法。」「你一天到晚都在指責我。沒有人像你這樣對待我，每個人都知道我一定可以做到。」「我完全不想要這些！懂嗎？我—什—麼—都—不—要！」

還有一些人們在生氣時慣用的口頭禪，像是：「你不可能像我這麼忙，絕對不可能！」「你好大的膽子！」「現在就給我滾出去！」「我受不了了！」「別再說了，一切都結束了！」「我受夠了！」「我忍無可忍了！」「你從來就不聽我講話，你總是只想到你自己！」

用心思考這些話背後所代表的意義：你為何使用這些詞彙來表達你的想法？當你跟別人爭論時，這些情緒性的字眼有多常脫口而出？

當我們把話說得如此堅決又無情時，我們真正希望的是對方能把我們的需求和感覺放在首位，也就是其實我們渴望獲得尊重及認同。但失控的言語不但會傷害對方，還會讓論點失焦，也達不到任何目的，這也是為什麼憤怒會令人如此沮喪和討厭的原因。

在爭執中，雙方果決的用字或情緒化的言辭，往往會讓爭辯難以畫下休止符，到最後更可能導致爭論失焦，讓彼此吵得面紅耳赤、不可開交的，反而不是你們真正要解決的問題。

雖然我們也可能想要用話語傷害對方（關於這種說法，請你對自己誠實），或是想要別人看起來比我們更糟，但是我們往往會因為出言不遜，而讓我們所愛的人或是同事面臨窘境，事後也自責難過不已。

利用正念，能帶給你思路清晰的時刻，瞭解到脫口而出的話語可能會傷害你所在意的人，或者對你想要有所突破、進展的事情毫無助益。

傾聽你的內在小孩

讓人冷靜下來的技巧有千百種，但是假如你未曾意識到自己有多脆弱、多需要被關愛呵護，仍會不得其門而入。

當你生氣時，你的內在小孩真的需要你的關注。甚具宗教影響力的僧人一行禪師就曾寫道：

你必須像個母親一樣注意傾聽寶寶的哭聲。假如一個母親正在廚房忙著，當她聽見她的寶寶在哭泣時，她會放下手邊的工作，去安撫寶寶。她或許正在煮一鍋非常美味的湯；這鍋湯很重要，但是遠不及她的寶寶受苦來得重要。她必須放下這鍋湯，走到寶寶的房間。當她出現在房間時，就像陽光照耀般，因為這位母親充滿溫暖、關心和愛憐。她做的第一件事就是抱起寶寶，溫柔地將他擁在懷裡。當這位母親擁抱孩子時，她的能量便會穿透他和撫慰他。

當憤怒開始冒出頭時，這正是你必須學習做的事。你必須放下你正在做的任何事，因為你最重要的任務就是回歸到自身，並照顧你的寶寶，也就是你的憤怒。沒有什麼比好好照顧你的內在小孩更急迫的事了。

你值得擁有平靜

正念是幫助我們認知「有什麼東西在那裡」的能量，包括「發現憤怒」這件事。你必須在憤怒升起時，用正念的能量接觸它、認知它、擁抱它，而不是打擊或壓抑它。所以，當下次憤怒的能量進入你的生活時，就讓它順勢繼續經過，不需要假裝它不存在或是加入它的行列。

假如憤怒突如其來的發生，或是似乎無法立刻解決，又或者當下你實在太氣憤而無法處理時，那麼最好的解決方式往往是停止對話。

如果可能的話，盡量不帶評價地向對方解釋你這麼做的理由（例如：我知道我們現在不會有任何進展，這樣做沒有幫助，我們先暫時休息幾分鐘／幾小時／幾天／幾年／永遠）。摒棄在盛怒時非爭個你死我活的壞習慣，給自己一段時間反思情緒，仔細審視在這種暴衝背後隱藏的真正動機。

再從長遠來看。試著別總是盛氣凌人，對自己和其他人都仁慈些，這樣會讓你懂得靜下心來傾聽。即使你找不到其他人或這個世界值得你原諒的理由，但記住：你值得獲得心靈的平靜。

問問自己：堅持「得理不饒人」是為了什麼？它會對你產生什麼影響？你的心情和身體會有何感覺？你花費了多少寶貴的時間和精力處在生氣狀態中？除了以下的練習外，你也可以再回頭進行第138頁的〈練習22〉，將有助你釋放憤怒。

練習34 心存正念的說話術

我們要練習能在日常生活中的每一個時刻產生正念，包括最難控制的憤怒時刻。當你生氣的時候，要覺察、接納它的存在，並用正念的能量擁抱與照顧憤怒，瞭解痛苦的來源與本質。此外，你也應該以正念的語言告訴別人自己正在生氣，心裡很不好受，同時也希望能夠避免這樣的情況持續下去。若是假裝自己不受苦或不生氣，就會累積更多的負面情緒。

第一步：運用在自己身上

R辨識：「我注意到憤怒出現了」，或「哈囉，我兩歲的小寶貝」，或是「憤怒」。

E體驗：「我很痛苦」，或「這很困難」，或「就是此時此刻」，或是「憤怒，我在這裡照顧你，你就維持原樣吧！」

A分析：「我知道事情並不如我預期的那樣。」或「究竟真正的問題何在？」或是「我還注意到有其他的情緒，像是：脆弱、無助、困惑、恐懼……」

L放手：「這些都會過去」，或「只要深呼吸」或是「放下」，並給自己一個關懷的姿勢（可參考第四部）。

第二步：運用在別人身上

在進行第一步後，若你對他人仍感到憤怒，首先要先對自己坦承這件事，並注意你的言語很可能會變得尖銳、誇張、惡意或不和善，也要讓對方知道其實你並不希望表現出這個樣子。而且，你強烈的憤怒使你無法進行有益的互動，建議彼此可以稍後再碰面或說話。然後，先停下手邊的事情，繼續練習第一步。

R辨識：對對方說：「我知道你在生氣」，或「我瞭解這種情況很棘手」，或「我知道事情並不如你所預期」，或者就只是待在房間裡注視著對方，並做深呼吸。

E體驗：對對方說：「我知道你很痛苦」，或「我知道這對你而言並不容易」，或「我會在這裡陪著你」，或是「我可以幫什麼忙嗎？」

A分析：對對方說：「你怎麼了？」或「你真正的問題是什麼？」或「假如我誤解了，請糾正我。」或是「現在你覺得如何？」

L放手：「對對方說：謝謝你，現在我知道了。」然後微笑。如果可以，也表現出友善的舉動（參考第四部的說明）。

正念小祕方

- 你有權生氣，但也要努力別讓憤怒支配你。
- 當你生氣時，注意你緊繃的身體，以及表情、聲調和說話的速度與用詞。自問當下的這些行為對你是否有幫助。
- 發現在你憤怒與好辯行為背後，其實隱藏著脆弱，以及想受到關注與認同的需求。
- 原諒其他人並不是因為「你認為他們值得被原諒」，而是因為「你值得擁有心靈的平靜」。

11 化解恐懼與焦慮

本章重點

- ❖ 幫助你清楚認識焦慮和恐懼。
- ❖ 讓焦慮和恐懼主導你的行為只會壞事。
- ❖ 當你能全心全意專注於當下時，焦慮和恐懼並不會如你想像地會令人不知所措。
- ❖ 忙碌的生活不見得是可怕又慌亂的。

如果從適度的恐懼與焦慮能讓人提高警覺的角度來看，保持警戒的謹慎態度，理應能保護我們遠離危險。

但我們可能會太過執著於與焦慮相關的擔憂上，不受控的胡思亂想讓我們絕望卻專注地處於可能產生意外事故的擔驚受怕中。我們失去了正確的判斷能力，終日惶惶不安，不停揣測未來會發生什麼可怕的事，這反而會導致真正的災難。

思考一下以下這個看似愚蠢但幸虧只是假設性的想像例子。

練習35 如何在沒糖可吃的世界生活

- 在你所住的星球裡，你只能吃彩虹巧克力糖果腹，但是所有的藍色巧克力糖都有毒，所以你要非常小心，千萬不能吃到這種顏色的糖果。
- 你聽說有一種色盲症，會使人無法辨別藍、綠，因此你再也不敢吃綠色巧克力糖了。
- 你知道綠色是由黃色和藍色混合而成，所以你也不再吃黃色巧克力糖了。
- 紫色和咖啡色可能也包含了藍色這種顏色，最好也別吃。
- 現在你只剩下橘色、粉紅色和紅色的巧克力糖可以吃了。
- 在得了一次令人難受的胃病之後，你認為自己可能對紅色過敏，所以最好也避免吃這個色系的巧克力糖。

- 現在，所有的彩虹巧克力糖對你來說都很危險。
- 假如你要活下去就必須吃東西，但現在你已經不知道到底哪些顏色對你才是真正安全的。
- 你若不想等死，就得搬到另一個彩色星球上居住（在那裡，你可能又得過著如同上述循環的生活）。

釋放恐懼

有些人喜歡承受某種程度的壓力，因為這樣會讓他們覺得具有挑戰性，做起事來更活力充沛，這是因為腎上腺素令人感到振奮的緣故，但這只能維持相當短暫的時間，最後我們就會筋疲力竭。許多心理學的研究都顯示，超過適當程度的焦慮和壓力，會影響做決定時所需要的注意力，並降低我們的表現與工作品質。

因為恐懼、焦慮在心理學上與興奮非常類似，因此有時候我們發現自己在過度緊張時會很亢奮，但這種高潮的狀態也會很容易轉為低潮，而正念對於監控它們真的很有用。這個過程就像當我們從飛機上往下跳時，口中會不由自主地興奮大喊「哇哈！」結果發現自己竟忘記穿戴降落傘時，忍不住驚呼「哇啊！」一樣，心情宛如坐雲霄飛車般。假如我們能釋放恐懼，就會發現自己其實也可以很享受高空跳傘、往下飄落時所看到的寬闊視野。

當你身處上述所描述的情況時，我們能給予你最好的建議就是：「別驚慌！」但假如你做不到，那麼就試著「用心地」恐慌吧。

練習36

專心忙亂

- 在下列情況，注意你當下正匆忙地趕著，因為你真的已經來不及了：無論是在街上快步走著，或是開快車，又或是奮力擠過人群趕搭末班車回家，也可能是正以最快的速度餵你的寶寶或貓咪吃飯。不論你正在做什麼事，只要專注那件事即可。
- 留意自己專心做事時的全身緊繃，走路或快跑時雙腳的緊張，或者緊抓住方向盤或湯匙時，手臂肌肉的僵硬。
- 花幾秒鐘觀察自己扭曲的臉孔、快速跳動的心臟、急促的呼吸，和猶如大難臨頭的驚慌感覺。

- 你不需要做任何調整或改變，也不需試圖掙扎，只要把注意力放在現在，就在當下，覺察到自己正忙得昏頭轉向！
- 稍後當你繼續做事時，感覺你的覺知也一起加入忙碌的行列中，你意識到自己正忙得七葷八素。就是這樣，你不必再多做什麼。

當焦慮、恐懼打亂你的生活與心情時，通常它們不會危及生命，只是會令你覺得壓力大到喘不過氣來，你也會很想及早擺脫這種令人不快的感覺。

但是當有一個真實或想像的威脅，使得我們自己、所愛的人，以及身心的安全受到脅迫時，又該怎麼辦？基本上，我們的分辨能力、自衛本能與智力在這時仍能正常運作，然後幫助自己幸運地躲過意外。

但有時候，恐懼太過強烈了，你甚至可以「聞」得到它（它真的是太「臭」了）。在這些時刻，請嘗試以下的練習。

練習37 種下正念的種子

建議先將步驟用語音錄下來，之後邊聽邊練習。

- 你感到恐慌的事是真實存在，還是你想像出來的？（提示：當我們擔心未來可能發生什麼嚴重的事情時，其實多半都是出自自己的胡思亂想。）
- 假如這件事是你想像的，那這真是個讓人討厭的幻想。在這種感覺非常強烈的情況下，你也需要利用同樣強烈的方式來幫助你盡量回到當下，像是沖個冷水澡、咬個檸檬片或辣椒，然後再回頭做第159頁的〈練習26〉。
- 假如這件事是真的，那麼它是在當下、此時此地所發生的嗎？如果不是，請回到上述步驟。
- 假如這件事是真的，而且就發生在當下，請誠實面對你的恐慌，並重新審視現下的狀況，或想像一個未來的情境，或許再回到上述步驟。記住，你所必須處理的就是這一刻，無論那是多艱鉅的任務。
- 專注在呼吸上（利用第三章所介紹的呼吸練習法）。不論你的呼吸是不協調、急促、快速、短淺或痛苦，都維持它原來的樣子。
- 你不需要調整、抗拒或忽視你的恐懼。當然你也可以選擇這麼做。

- 不管發生什麼事，恐懼都不會持續，事情一定會有結束的時候。
- 過去你並非一直都有這種感覺，將來這種感覺也會消失。你只要專注在當下就好。
- 把注意力放在呼吸上，別緊抓住恐懼的念頭不放。
- 不要理會可怕的念頭，任其逐漸消失；也不要去管令人害怕的影像，就讓它慢慢淡出。
- 無論你的想法或感覺有多常出現，或有多強烈而讓你分心，還是要繼續回到「專注呼吸」這件事情上。
- 看著恐懼自己產生變化。
- 當恐懼的強度減弱時，判斷自己是否需利用正念的協助，以確保你或是另一個人的安全與幸福。或許你需要藉由幫助以離開某個危險的情境，或是採取其他更務實的做法。
- 無論你是否尋求協助，都要知道「專注當下」才是在這種情況下所能做的最佳選擇。

如果事情就是這樣，而且你無能為力，那麼恐懼並不能改變任何事，所以就此放手吧！不需對抗或是逃避任何事。你能做的就是接受事情的真相，接受當下。

正念小祕方

- 仔細看看恐懼和焦慮對身體造成的影響，以及如何影響我們的思維。
- 焦慮與壓力會降低生產力、注意力和效率，並壓縮我們的時間，看事情的角度也變得狹隘受限。
- 當你忙碌、焦慮時，把覺知帶進來，其他什麼都不必做。

12 走過悲傷，面對無常

本章重點

- 遭遇負面情緒，譬如悲痛、失去與憂傷等，是生命中絕對無法避免的事。
- 如何以正念注意力幫助自己度過悲痛、失去與憂傷。

當我們感到憂傷時，它往往會引起像是「別哭了！」「你真是愛哭鬼！」「我真蠢！」「你這個多愁善感的笨蛋！」這樣的責難。只是跟我們之前提到的另一種負面情緒——憤怒比較起來，憂傷的情緒似乎比較能被人接受；尤其是在公開場合中，也比較容易引人同情。

在某些情況下，我們或許也會試著將憂傷轉變成另一種情緒，像是：憤怒、困惑或是無助等，因為憂傷往往會令人感到不自在。

然而，憂傷和所有的情緒一樣，都需要加以關注。只是當我們對自己或其他人採取嚴厲、挑剔或責難的態度時，我們絕對不會有機會見到這種情緒，因為它會假裝堅強，隱藏在脆弱的身後。它其實是我們內在不安、柔弱、愛哭的小孩。

當我們看見傷口與脆弱時，往往會花很長的時間逃避它，其中一種逃避方式，就是讓自己保持在忙碌的狀態，我們以為這樣做就可以對痛苦視而不見，也不會覺得那麼脆弱無助。就像有人會利用吃東西來轉移注意力，藉此忘卻憂傷，也是同樣的道理。但我們並不鼓勵你這樣做，因為忙碌的確會讓一個人的心智被占據而無暇思考，但卻無法真正改變你。

對於傷痛，我們只要給予自己一些簡單的注意力、一杯茶及一片餅乾，就可以淡化這種心痛、渴望、孤單、無助和不被喜歡的感覺，並利用這股正念專注力察覺到它的存在，也試著付出愛。你會發現，其實它們是很可以忍受的（甚至會是有益的）。然後，我們就可以接納它、認同它、進而放開它，讓它消逝，而且它也一定會消失。

練習38

品嚐憂傷的味道

- 當你感到悲傷，或是覺得憂傷正蠢蠢欲動時，幫自己泡杯茶。
- 將茶包放進杯子裡，並注入少許熱開水。
- 讓它冷卻一下，並啜一小口。
- 味道如何？是苦的，是你不喜歡的味道，還是很難喝？這就像是憂傷和痛苦的感覺。
- 再多加些熱開水。
- 加入牛奶、糖、杜松子酒或其他配料。
- 味道變得如何？是不是比較好些、稍微甜一點，也順口多了？這就是利用正念專注力療癒痛苦的經驗。
- 把它喝完解解渴吧。

不管情況多糟，一切都會過去

與悲痛相遇當然是個不愉快的經驗，但不管你發生什麼事，心情有多沉重，世界還是繼續在往前進，地球仍轉動著，太陽照樣升起，所有的人也都照常過生活。這種持續不斷的生活節奏，有助於把我們再度拉回現實世界中。

所有的生命都脫離不了生老病死，無一例外。你周遭的一切事物就如同一條流動的河流，也在不停變動。每個人都是活在一個無常的世界裡。

但我們也必須知道，冬天離開後，春天一定會到來；痛苦終究會逍逝，我們仍然可以重拾快樂。雖然這個過程可能會花許多時間（但沒關係），可能也會伴隨著愧疚與懷疑（在第四部將提供你更多的協助），但就像所有正念練習所強調的一樣，我們可以不斷回到當下，找到與原有生活的接觸點。

以下是一則關於某個人在震驚和悲痛狀態中的故事。她在這個時候運用了正念，以下就是她的故事：

正念案例　露西的故事

我最好的朋友露西，她的男友剛在一場突如其來的不幸意外中身亡。她傳了簡訊給我，告訴我說她跟男友的雙親正在前往醫院認屍的路上，她悲痛地說這簡直是晴天霹靂。

我不知道該說什麼，無論做什麼都無法改變這個事實，使情況好轉，或讓時間倒流。我心裡想著「但願這不是真的」，還有「為什麼會發生這種事」。當死亡像這樣無預警地來臨時，連說聲「我愛你」或是彌補過錯的機會都沒有；一條生命的殞落，留下了無比巨大的悲痛。身為朋友，我所能做的就是陪伴，這也是正念教導我扮演的角色。我帶著憐惜的心情，與她一起擁抱令人心碎的憂傷。

在哀痛欲絕的時刻，沒有什麼是「正確」的行為表現方式，你或許會麻木、恍神、憤怒、絕望，又或是逐漸感受到悲痛，有時候也可能沒有任何情緒。除了順勢而為之外，你別無選擇。

你可以隨時嘗試以下的練習，專注和接納你的失去與悲痛，無論這種憂傷的感覺是否強烈。藉由這個練習去認識悲痛，並與它相依相伴。你也可以利用語音導引協助你做這項練習。

練習39 自我療癒

建議先將步驟用語音錄下來，之後邊聽邊練習。

- 找個安靜的地方，靜靜坐著。
- 讓悲痛降臨，任由它陣陣襲來，籠罩著你。
- 接納這樣的洗禮，同時也敞開心胸接受這種苦難，讓自己與一切眾生產生連結。
- 繼續專注在呼吸上，也停留在當下，停留在你的生活中與此時此地，保持它原來的樣子。
- 你可以讀一些詩詞，來幫助你加深這層連結，例如：

偶爾我安靜獨坐，
傾聽落葉的聲音，
斬斷一切紅塵俗事，
僧侶生活平靜空澹，
那麼我為何還會落下淚來？
我清楚瞭解，
那全都不是真實的：
人世間的事物都會消逝，
一個接著一個。
但我為何仍感到悲傷？

——日本雲遊僧人　良寬

提醒自己「這一切都會過去」，讓自己擁有道別與結束的能量，或許會有幫助。如此，我們將讓思慮緩緩恢復平靜，讓情緒進來，然後再讓它們離去。藉由一遍又一遍的練習，讓自己重新回到生活常軌。

正向的悲傷

人生總無可避免會經歷許多苦難，被迫承受椎心的傷悲。但在我們所逃避的痛苦背後，往往隱藏著自身所看不見的問題。而且，如果你能從另一個角度去看待痛苦，就不會只感受到失望的悲觀情緒，而能看到更加積極的面向，並擁有面對痛苦的勇氣。

舉例來說，失戀總會令人感受刻骨銘心的痛楚，但如果我們往內心深處探詢，可能會發現原來自己並不如想像中堅強，瞭解到自己其實渴望關心他人，也希望能被他人疼愛的需求。當我們有勇氣擁抱自己的脆弱與恐懼，就會變得更加堅強。

以下節錄的文字，是一位父親在他十六歲的兒子突然死於不幸的槍擊意外時所書寫的。他描述了正念在他療癒悲痛的過程中所扮演的角色。

我整天都在觀察各種不同的念頭。「我再也做不到了……我不值得再活著；我是個不及格的父親……我始終試圖要有耐心地回到呼吸上。我不斷忘記這件事，一再將專注力拉回來。我跟著自己的念頭一起游移，然後再拉回來。我注意到我的不耐煩，然後又再拉回。現在我看見在想法與情緒的背後，以及我所有的悲傷和空虛背後有另一種東西，那是絕對無條件的愛，我要把它送給一位俊帥的年輕人，我非常想念他。

——《每日的祝福：親職正念的內在功課》

建議先將步驟用語音錄下來，之後邊聽邊練習。

練習40 刷牙時的正念練習

在這個刷牙練習中，請你用心注意你進行的例行日常活動，包括那些可能會讓你覺得痛苦或不舒服的事。

- 到浴室，拿起牙刷，並仔細觀察為了刷牙，手會做出哪些動作。
- 將牙膏擠在刷毛上，留意它的形狀、顏色、重量的變化、氣味。
- 把牙刷放進嘴巴時，注意你的全身，尤其是嘴巴對牙膏的反應。
- 開始刷牙，並對刷牙的聲音、舌頭在口腔裡的動作，及刷毛在口腔裡的感覺感到驚嘆。
- 同時也覺察有哪些負面情緒正包圍著你。但這一刻你正在刷牙，不須把注意力放在其他的事物上，放掉那些不好的感受吧！
- 覺察到你正努力完全投入這個自我照顧的動作和正念中。

正念小祕方

- 悲痛、失去和憂傷在生活中隨處可見，而且我們也能應付得來——這件事還滿令人訝異的。
- 認識這些情緒，瞭解它們是我們身為人類無可避免的一部分。
- 不論情況有多壞，地球仍會繼續運轉，一切終將過去。

PART 4

成為更好的自己

如何撥雲見日

◆即使忙碌，也能常保快樂。

◆體會人生，並懂得感恩。

◆隨手行善。

◆關心自己，也對別人慈悲。

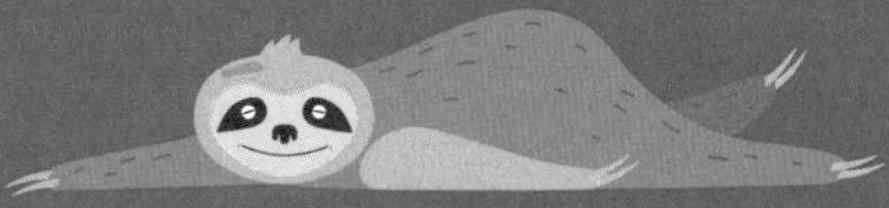

13 活在現在進行式中

本章重點

- 別執著於你認為將會使自己更快樂的事物上。
- 別沉溺於過往美好的時光中而無法自拔，或只想逃避痛苦和艱苦的生活，耽於享樂。
- 利用正念能讓我們停止上述無效又令人苦惱的慣性行為，並發現真正的幸福。

感受或情緒的發生，都是因為我們內心有太多的期待，或希望事情能符合我們的好惡；然而，這樣的癡心妄想是天方夜譚，你無法永遠得到你想要的一切東西，事情也不可能總是盡如人意。

希望遠離挫敗、痛苦與憂傷，永遠過著幸福快樂的日子，這是人之常情。但如果強烈依附於某一情境或事件，過度執著伴隨而來的正面感覺，並努力想與負面經驗對抗，將會使你處於挫折和失望中，猶如乘坐情緒的雲霄飛車般，心情常處於高低起伏的不穩定狀態。

不再想著快樂，就能擁有快樂

想真正擁有快樂，或許真是一項高難度的挑戰。許多人窮盡畢生精力，卻只能遙望幸福的影子。

害怕，是一種本能。人生中許多不快樂，都是因為過分擔心和憂慮。我們終日惶惶不安，猜測接下來可能發生的困境，不知如何應對未來突如其來的麻煩，並隨時處於警戒的備戰狀態。

這種與生俱來的求生機制或解決問題的思考方式，其實是很容易被意識到的，但有時它會隱藏在我們的覺知背後，而未曾被察覺。如果我們忽略這些負面感覺，只是一股腦地埋頭苦幹，將會陷入更糟糕的處境中。

即使愉悅能夠穿透這層焦慮的迷霧，我們也往往不知該如何去欣賞它，結果在這些美麗時光即將告終時，所有的快樂汁液已被焦慮「榨乾」，生活又陷入悲慘的惡性循環中。

情緒會來來去去，也會生會滅，如果我們能夠學習看清楚思想與情緒間的關連性，就能夠明白情緒產生的原因，也能應付與處理它們。

你生命中經歷的一切，都是你對世上萬物的感知所形成。你的思想會令情緒變大，所以，當下你要自我提醒「那只是情緒」，覺知到它們的出現，並利用書中所介紹的正念法去處理它們，但不要被其主導而牽著走。就讓它們自由來去，不要涉入其中，只要在旁靜靜觀察。

只要我們不再試圖想變得快樂，就能擁有快樂。

——美國作家　伊迪絲・華頓（Edith Wharton）

快樂與痛苦在一念之間

情緒的產生，多半與我們的想法、評價或價值觀有關。如果我們能不給予事物正面加號或負面減號的評價（包括：工作、人際關係、我們的身體，還有對於我們自己等等），就能減低情緒干擾與影響我們瞭解事實真相的強度，我們也能更專注在此時此刻；而且不論發生什麼事，也不會隨外界變化或評論起舞，生活也會更安適自在。

例如，當我們覺知到痛苦的情緒時，如果能將之視為是生活中基本且自然的一部分，就會發現去對抗和逃避它們不但毫無意義（事實上也不可能做到），也徒勞無功（因為你不能選擇只擁有某種情緒）。有了這層認識後，即使我們身處困境中，也能勇敢面對而不退縮。

事情都有正反兩面，就像若沒有感受到痛苦，我們就無法體認到歡愉，想要如何看待，就在你的一念之間。對於一個人、一件事、一個東西，要喜歡它或討厭它，都隨你高興。你喜歡它，它就會讓你快樂；你討厭它，它就帶給你苦痛。無論喜歡或討厭，這些全都來自你主觀的意識，而且無論任何事都是同樣的道理。

小小的種子知道為了要長大，它必須被埋藏在泥土裡，被黑暗所覆蓋，並努力去接觸陽光。

——珊卓．金絲（Sandra Kings）

接受「事情就是這樣」的EASE法則

在此，要提供另一個方便記憶的英文字首縮寫字：EASE。

E擁抱（Embrace）：擁抱每一件事，擁抱所有的經驗。

A接納（Accept）：接受此時此刻與現實所呈現的原本樣貌。

S簡化（Simplify）：不需要介入、對抗、處理或評斷它，就讓它維持現狀，順其自然。

E吐氣（Exhale）：你可以繼續呼吸。（當你緊張、充滿期待，或者費力掙扎時，你往往會屏住呼吸，這可能會增加身體和心理的緊張，當我們吐氣時，自然就會感到稍微放鬆。）

以這種「EASE」的態度面對匆忙的生活時，可以自我提醒隨時慢下腳步。譬如察覺到自己執著於不可能達成的最後期限而忙翻天、為了嘗試最新的減重方法差點讓自己一命嗚呼，或是在健身房多做一輪的訓練卻得不償失地扭傷了。或許我們可以往後退一步，看看自己現在到底忙成什麼樣子，並體會到只要放手，然後吐氣進入下一刻，情況就會變得簡單多了。

甚至，我們還可以看清被思維誤導的假設，發現它正忙著努力去「修正」或「讓事情變得更好」，藉此提醒自己這樣的思考方式向來都成效不彰，所有的努力也將付諸東流。

慶幸你正在練習正念，因為你已經懂得如何利用方法協助自己建立新的神經路徑，通往真正的幸福與成功！

接納，是改變的開始

所有正念的核心就是覺知，而接納也包括在其中。

利用正念，我們可以放棄想要控制生活的妄想，不再執著於事情「應該」如何，而是看見它們真實的樣貌，點燃新的好奇心，讓自己對於最平凡的事物或是經驗都抱持赤子之心，願意深入探究。

我們對於事物所秉持的信念，很多都是根據機率而來，像是明天可能會是好天氣、貓王可能已經死了等等。但是說真的，其實我們什麼都不知道。或許接下來真的會有事情發生，但是我們根本無法確定，所以何必要杞人憂天，把事情搞得這麼混亂呢？

我們總是試著要釐清每件事的頭緒，好讓一些自作聰明的人一起來湊熱鬧，然後說：「地球繞著太陽轉真是太好了。」或是「我喜歡這些漂亮的畫，但……或許它們根本就不漂亮。」我們會看到事物生滅的過程；某些事或某個東西現在可能是當紅炸子雞，但之後又有另一個新鮮事冒出來取而代之。無論我們做或不做任何事，事情就是會發生，就是這樣。

當我們體會到這就是現實，生活不過就是如此，只有在那些時刻，我們才會瞭解到自己能夠做出「REAL」的選擇，因為我們已然擺脫長久以來養成的制式習慣，以及原始的天性和本能反應。

知名的心理學家卡爾．羅傑斯就曾經很貼切地說道：「奇怪的矛盾是，當我如實接納自己本來的面目時，我反倒能有所改變了。」當我們願意以完全接納的態度，去面對看似頑固的積習或棘手的困境時，就會帶來根本的轉化，產生持久的改變。

練習41 只要你笑，全世界就會跟著你微笑

- 無論你正在做什麼，請都面帶微笑。
- 你可以想像正看著某個有趣的東西，這樣練習起來會更容易些。
- 讓嘴角輕輕上揚，溫柔地抬起雙眼，並保持這樣的姿勢不動。
- 觀察你的感覺。
- 讓自己忠實擁抱所有的經驗，接受它原本的樣子。
- 將任何的想法、影像或是回憶都留給它們自己，讓此刻單純地存在。
- 記得吐氣。

正念小祕方

・無論別人怎麼說，無止境的快樂就是一種幻象，別再妄想去追求。

・你無法刪除痛苦的記憶，最好的方式就是接受它。

・執著於正面經驗，排拒負面經驗，將阻止我們在生活中繼續前行，也會使人忽略周遭世界的美好以及內心的滿足。

・多練習EASE法則。

14 愛自己，也愛別人

本章重點

發現正念能帶來下面這些正向特質，會對你很有助益。

- 自我欣賞和自我照顧
- 善良
- 感激
- 慈悲
- 歡樂愉悅

愈來愈多的研究，都強調我們在本書中不斷告訴你的事，像是正念能夠：

- 增進記憶力。
- 提升專注力。
- 更有創意。
- 提高處理資訊的速度。

還有一些關於探討友善、感激和發展慈悲心的研究更已經證實，利用正念能加強上述這些特質，進而改善我們的健康、幸福感和身體功能。

事實上，友善、同理心、自我欣賞、感激和愛心等特質都是正念，而且這些特質之所以出現，是因為我們願意接納自己的負面情緒和脆弱。也正是這種樂於接受人生現狀的心態，使我們終能免於不安，並感到從容自在。

如此，我們便能體會到油然而生的幸福，感覺愉快、滿足和平靜。也會知道自身所深陷的糞土（也就是麻煩），是能幫助這些美麗事物迅速成長的神奇肥料。

為了實踐自我而設定高標準，並努力達成目標，可能是個健康的特質，但是當你所有的自我價值都是建立在「是否成功」之上，而無法接受失敗時，那麼「必須努力達

成目標」這件事便成了一大阻力，而且會出現反效果。

研究指出，完美主義者罹患飲食失調、焦慮、憂鬱，以及其他各種心理問題的機率，會比一般人都高出許多。

——人類發展副教授　克莉絲汀・聶夫博士（Dr. Kristin Neff）

練習42　看見美好

現在請你花點時間，回想在下面這些時間裡，你最欣賞的事物：

- 過去五年以來；
- 去年以來；
- 上個月以來；
- 昨天以來；
- 最重要的是——現在。

你不只重要，而且還「很重要」！

你知道根據物理學家的說法，我們具有跟星星相同的基本原子元素嗎？美國的天文學家卡爾．塞根曾這樣寫道：「在人ＤＮＡ裡的氮、牙齒裡的鈣、血液中的鐵，以及蘋果派裡的碳，全都是來自於崩裂星球的內部碎片。我們就是由星塵所組成的。」

這肯定是值得讓你欣賞自己的原因，而且你也能瞭解到若沒有組成我們的這些分子，蘋果派或宇宙及其所有無窮盡的謎團是無法形成的，所以，你不只重要，而且也真的很重要。

試試看以下的正念練習。只要花幾分鐘，當你起床後在浴室進行盥洗或站在鏡子前換衣服時就可以進行。剛開始你可能會感覺有點害羞、不自在，但如果你願意嘗試，你會知道這真的很值得練習。

練習43

魔鏡，魔鏡，我是世界上最特別的人

建議先將步驟用語音錄下來，之後邊聽邊練習。

當你走近一面鏡子時（最好是獨自一人時），停下來好好看看自己。

1. 注視你的雙眸，看看它們是否如星星般閃閃發亮（因為它們真的會發光）。
2. 別忘了也要留意呼吸。
3. 留意你出現了哪些念頭，它們可能是評斷、批判或是讚美。
4. 看看你是否能夠放掉這些想法，並且深深地凝視自己，讚嘆你擁有思想和智慧的驚人能力。
5. 注視鏡中的眼睛，並且緩緩呼吸，思考隱藏在你身體裡的大學問，它讓你能看見、呼吸，讓你成為那麼好的人，也維持你的生命。
6. 現在，用任何你想要的方式來欣賞自己。你可以微笑，看看在你面前這個神奇的人，也正對你報以微笑。

心懷感激過生活

我有一種非常不尋常的感覺——假如不是消化不良，我想那一定就是感激。

——英國政治家、作家　班傑明．迪斯雷利（Benjamin Disrael）

研究建議，練習感激是增加快樂最可靠的方式之一，它有助於發展出「感恩的態度」，而且可藉由每天記錄你覺得感激的事加以強化。

讓你心懷感恩的事情可大可小。譬如，你可以感激有乾淨的水喝，或是想到幫你泡咖啡的人很親切（那個人可能就是你自己）。如果你正好心情不太爽，可以看一下之前所寫的感謝清單，或許能夠給你一些啟發。

嘗試用以下的練習，來增強你對感激的覺察。你可以使用語音導引來協助你做這項練習。

練習44

好好吃餅乾

建議先將步驟用語音錄下來，之後邊聽邊練習。

1. 手裡拿一片餅乾，先仔細看著它。
2. 你準備要大口咬下它（也可以先烤過，或是用你平常喜愛的方式來加熱、加味）。
3. 留意你對於「吃」的期待。
4. 咬一口餅乾。
5. 在你狼吞虎嚥之前，先讓它停留在你的口中一會兒。
6. 感覺它的味道滲入口中；讓它蔓延至你的感官。
7. 當你咀嚼時，細細品嚐其味道和口感的變化。
8. 當你吞嚥時，注意你的感覺。
9. 你正在吃的是什麼？是失望？匱乏？愉悅？或者是其他的東西？

下次當你在吃三明治時，還可以想想下面這首詩：

銀光閃爍的雨絲，金澄耀眼的豔陽，

緋紅的罌粟花在原野上搖曳生姿。
隨風擺盪的陣陣麥浪，
全都被揉進我們吃的麵包裡。
所以每次當我懷著感恩之心坐下用餐時，
我總會感覺正置身於緋紅的罌粟花搖曳的原野上，
享用著雨水和陽光。

——美國詩人　艾莉絲．韓德森（Alice Henderson）

當我們在發展「感激」的覺知時，也可以看見透過它與我們的世界和其他人產生連結的許多方式，這是很自然的。

就像上面那首詩所說的，我們會開始看到無數的方式，即使只是一塊麵包，也跟小麥生長所需要的陽光、原野、雨水和空氣等眾多因素有關，然後我們可以發現小麥是由一名農夫所收割，由一間工廠或廚房的人們所製造，再由某個人收集起來，被你做成三明治，然後可能在不經意的幾分鐘內就被狼吞虎嚥吃掉了——除非你把握機會練習EASE法則，以開放的態度接納一切，接納這個經驗必定會給予你的一切，就在當下，就是它現在的樣子。

現在，試著吐一口氣，或許同樣的空氣現在正飄向罌粟花田裡的麥子。

為善最樂

當你學會欣賞和感激生活時，你將發現對自己和他人仁慈會是件輕而易舉的事。

你是否記得某個人曾對你做過的小小善行？或許他們讓座給你、對你伸出援手、給你多出來的票、送你一份貼心的禮物，或是給你友善的建議？這些動作有很多都不需要花費太多的時間和金錢，然而它們卻可能對我們的生活或人生產生重大的影響。

即使只是點頭、微笑，或是傾聽別人說話等這些簡單的舉動，都可能對自己和其他人的感受產生良好而深遠的影響。尤其是在艱難惡劣的情況下，更具有珍貴的意義與價值。假如你想要更快樂、生活更有活力、與人產生更多連結，這些小小的善行都非常有效。

只要微笑地說聲「謝謝」，或是對別人說點感謝的話語，十有八九，我們被冰封的快樂與熱情就會神奇地融化。

我們能夠給予他人最珍貴的禮物，就是我們的關注。當正念擁抱我們所愛的對象時，他們將會像花朵般盛開。

——一行禪師

練習45

謝謝，感激不盡！

- 把握每個對人表達感謝的機會。
- 放下冷嘲熱諷和虛情假意，給予他人多些接納和關注。
- 看看你是否能夠真誠地說聲「謝謝」。這樣說不只是表面上的客套話，而是要真的打從內心覺得感激，若是如此，你的聲音聽起來會大不相同，不信你試試看。
- 你可以多進行這項練習，譬如看著對方的臉，並說：「謝謝，我真的很感激你所做的事」、「謝謝，我非常感謝這個／那個」，或是「謝謝，你真好，對我做／說XXX」。

練習46 隨手行善

善行義舉可能是偉大的舉動，也可能只是小小的尋常作為，但那些並不重要。不是一定要從老虎的嘴巴裡救出一個小寶寶，或是阻擋脫軌的火車失速衝向一幢大樓，才是值得表彰的英勇事蹟，一件舉手之勞的小事就已足夠。

以下就提供你一些靈感，你可以利用這些方法，也可以用你自己的方法採取行動。一開始先選其中三項去做，愈快進行愈好，最好今天就做。

- 為植物澆水、餵貓、陪小孩玩、打電話給至親好友、洗個澡、去健身房、欣賞窗外的風景、聽點音樂、完成（或留下）一項未完成的工作、捐獻、傳訊息鼓勵某個人、為自己或別人買一份禮物、清理家中雜物、穿上（或脫掉）花俏別致的衣服、泡杯茶喝、休息一下、讓別人歇息一下。
- 對路人露出微笑或表現出友善（不是調情）的眼神接觸，或許說聲「早安」之類的寒暄，單純地跟他們打聲招呼。

慈悲的力量

慈悲是一種特殊的特質，它會很自然地出現在我們清晰的思緒和接納的態度中，就像從我們負面情緒的糞土中長出的玫瑰一樣。當我們看見他人因為身陷困境、苦難，也能感同身受、設身處地感知到對方的痛苦，甚至希望能替他們終結痛苦時，這就是慈悲心。

我們常會戴著既有的觀感與想法的有色鏡片去看周遭的人事物，因而一路被自己的心引領往熟悉的方向走去，因此所看到的結果也會局限在經過我們所篩檢過的感覺與評斷裡。如果我們能把注意力放在當下，對看到的事物不加以批判，也用寬廣、開放的心去待人，他人也會感到被理解與認同。這就是由正念所培養的慈悲。

當我們瞭解痛苦與苦惱的真實面貌，而不去執著與之截然不同的美好事物時，我們將會看見生命的真相與現實。我們會發現世間萬物其實全都在受苦——從可愛小巧的瓢蟲到身形巨大的藍鯨，從最富有的搖滾明星到最貧窮的流浪漢都一樣。至少可以說，每個生物必定都會經歷生老病死，毫無例外。雖然這樣的領悟相當痛苦，但與其逃避，不如利用正念接納現實。

要心懷慈悲，首先需要清楚而徹底地瞭解真實情況。用清澈通透的覺知，迅速而精準地將自身的妄想和好辯一刀斬斷，這需要相當大的勇氣。只要不再以忙碌、憤怒、恐懼、悲傷作為拒絕改變的藉口，並放下對事物的執念，你將發現慈悲就存在我們的心中。

慈悲是獲得幸福快樂的最大能量。真正的幸福來自心靈的平靜，獲得幸福唯一的方法是利他，獲得快樂唯一的方法是慈悲。

真正的慈悲並非根基於我們自身的投射和期望，而是要站在他人的立場著想：不論那個人是親密的朋友還是敵人，只要他期許和平與幸福，也希望克服苦難。在此基礎上，我們對於他的問題，便能真正心存關懷。如果你希望別人幸福快樂，必須慈悲。如果你想要幸福快樂，也必須慈悲。

——達賴喇嘛

練習47

散播善念的種子

- 花一點時間觀察來往的人群。
- 將注意力放在其中一個人身上，不論他是男人、女人或是小孩。
- 用心想像她／他也很痛苦。
- 她／他跟你一樣，為類似的想法和感覺苦惱著；她／他也是人。
- 她／他會生病、變老，而且將會死亡。
- 她／他所愛的人也都將生病、變老和死亡。
- 她／他就像你一樣。
- 對自己說：「願我們都被慈悲對待」。（這句話可以換成任何你喜歡的句子，譬如：「願你感到快樂」、「願我們感受到人們的善意」、「願你一切安好」。）

讓「同理心疲乏」恢復彈性

有許多研究指出，當我們感覺身處威脅中，會發展出因應的方法來自我保護，它會降低我們以慈悲關懷自己或其他人的能力，形成「同理心疲乏」。

心理壓力和緊張會讓人處於高度警戒的狀態，我們對這種狀態的反應就彷彿正處於威脅中，難怪當人處於焦慮和憂鬱狀態時，可能也會缺乏自我照顧的能力和慈悲心。

真正充滿慈悲和關心的舉動，是發自內心，而不是來自制式的反應、對負面情緒的嫌惡，或是要讓自己感覺良好。如果在失敗或受苦時能不嚴苛地自我批判，而是「自我疼惜」（self-compassion），如此，便能讓同理心疲乏恢復彈性。換言之，就是要先為自己戴上氧氣面罩，並深呼吸，之後才有餘力去幫助周遭的人。由此可見，慈悲的另一個面向，是它能夠增加我們與其他人的連結。

比起我們這些凡夫俗子，聰明的智者更清楚這一點：

> 人類雖是宇宙整體的一部分，卻受限於所身處的時間與空間。他自身的經驗、思想和感受，是與宇宙整體的其他部分相隔離的……這是一種類似視覺錯覺的意識錯覺。

這種錯覺對我們來說有如牢籠，將我們限制在自私的慾望和對少數親人的情感中。我們的任務就是從這種牢籠中掙脫，擴大慈悲的範圍，及至可以包括所有的生命與壯麗的自然界。

——愛因斯坦

我們身邊也充滿許多的宇宙，那些是你稱為「工作」、「家」、「公園」或「地球」的小宇宙。

生氣盎然的生命就在我們四周，或許它們正大聲喧譁著。仔細想想，你何時真正體驗到寂靜？就算有，機會可能也很少。因此，我們有另一個正念的練習。即使是在寂靜中，我們也會有聽不見聲音的體驗。無論是汽車、飛機、火車、走路聲、電話鈴聲、小寶寶的哭聲、時鐘的滴答聲、說話聲、鳥兒啁啾聲，還有夜闌人靜時的神秘聲響……

現在我們來試試下一個關於聲音的正念練習，進一步加強你的覺知。你可以使用語音導引來協助你做這項練習。

練習48

聽！那是什麼聲音？

建議先將步驟用語音錄下來，之後邊聽邊練習。

一、花點時間傾聽你能聽到的各種聲音，包括在聲音間隔中的寂靜。

二、留意是否有自己最喜歡的聲音。這次把專注力放在這個聲音上。

三、注意這個聲音的強度、音量、頻率、節奏、音調，只要注意就好。如果心思飄移了也沒關係，只要在你發覺時，再把注意力拉回那個特定的聲音上面即可。

四、思考因為聽到這個特別的聲音而可能出現的情緒或想法。或許你也可能不會有特別的感覺，這些都無所謂。

五、知道是「你」正在「製造」這個情緒或想法，而不是因為「這個聲音」而產生情緒或想法。去認識在聲音與情緒或想法之間的關係，瞭解這樣的關係並非隨機出現，它們是透過「你自己」創造與這個聲音之間的關聯性而產生。想法和感覺也可能就像這個聲音一樣，會隨著音調、強度或持續的時間而出現、消退或增加。

六、現在就是練習放手的時刻。放掉這個聲音、情緒與想法。擴大你的專注力，回到含括你所覺察所有聲音的狀態，將它們視為來來去去、自由流動的事物。

七、透過聽覺，去感受你跟這個世界的連結；或許這個連結會從你的耳朵延伸到數公里遠的地方。你就是這個聲音的一部分。延伸你的觸角並擁抱這一刻。

正念小祕方

- 注意你身為「人」的成就和驚人的能力——欣賞自己並不是「因為你比其他人更好」，而是因為「你就是你」。
- 對人表達更多的感謝，並心懷慈悲，如此可以讓你更快樂，並感覺與其他人產生連結。
- 對自己和其他人都仁慈些，你將在這些善行中發現人生的真義並獲得滿足感。
- 先照顧好自己，你才有能力照顧別人。

PART 5

找回平靜的心靈整理術

正念的奇蹟

- ◆ 你的覺知是豐富且無窮盡的，它每一刻都與你同在。
- ◆ 正念能帶領你深入生活的每個層面，發現生命中的平靜與喜樂。
- ◆ 當你覺得正念不管用，或難到無法練習時，是有解決之道的。
- ◆ 瞭解正念受歡迎的原因，還有對每個人的重要性。

15 開啟心生活

本章重點

- ❖ 覺知一直與我們同在。
- ❖ 當你感覺正念起不了作用時怎麼辦？
- ❖ 該怎麼做，正念才能確實對你有益？
- ❖ 提醒你如何留意正念何時正在幫助你。

相信做過之前的許多練習後，你已經發現自己產生了極大的改變，不再像拚命三郎似地東奔西忙，心念雜亂，而能感覺到內在的平靜以及活在當下的狀態。如今的我們非但沒有挫折感，還發現了一件永恆不變的事，那就是我們的正念浩瀚無涯。

希望現在你已經瞭解，正念一直都在你身旁，美好也無所不在。

以不變應萬變

請記得時時提醒自己，覺知是源源不絕的。我們時時刻刻都有機會去留意、覺察和注意當下，如此，生活就可以開始從我們毫不自知的匱乏狀態，轉變為充滿恩賜、富足和豐饒之處，而我們也將變得活力充沛。

一年當中，只有兩天我們什麼事都不能做，一個叫昨天，一個叫明天。因此，今天就是我們該去愛、去相信、去身體力行，和好好過生活的那一天。

——達賴喇嘛

上面這段話告訴我們，即使我們錯過了這一刻，仍會有另一個機會，也會有下一刻，以及一次又一次的機會可以繼續嘗試。

覺知是心智的一部分，它能夠注意和知道（但並非思考）你的經驗、想法、感覺、行為和感官知覺。它並不會改變人的壽命長短，但能讓你每一秒鐘都保持內心開放，以一種客觀與好奇心看待生命。

你忙碌的生活和周遭世界或許會改變，但是你注意到的這些覺知卻從未改變——它依然保持原貌。你的覺知從你出生那天開始就與你同在，一直到你安息那天為止，它時時刻刻與你相伴左右，就在你閱讀本書最後這幾頁的此時此地亦是如此。

覺知就像天空，它一直都在。不管天氣如何，或者暴風雨來襲，它依然淡定，一如既往。你的覺知也是一樣，無論你經歷了什麼想法或感覺，它們會四處游移，也會變弱或增強，但覺知依然不動如山，就像它原本一樣的堅實、穩固、穩定和踏實。

當你現在在讀這段文字時，你不會再去注意幾分鐘前要你專注地拿著書的感官知覺——這是因為你現在所注意的是正在閱讀的文字。這個覺知也提醒我們，無論是你思維中的想法、你的感官知覺、你的行為表現等，我們所擁有的各種經驗總是會來來去去，就好像它們是在你「覺知天空」中的過往浮雲般。我們現在可以體認到緊抓住這些經驗不放是無益的，這麼做無法達到任何目的，只會讓你壓力更大、更覺疲累。

專注當下必須花費某種程度的心力，尤其在非常艱鉅的環境中更是如此。然而，這種努力並不是要獲得像「有史以來最大的正念力量獎」這類的東西，它其實是關於放手和自我提醒，即使我們獲得這樣的獎賞，它也不會讓我們更快樂、過得更好或是感覺更安心。持續觀察並進入覺知中，你就會更清楚這一點。

「你已經是世上最富有的人，可是卻依然不斷地工作與辛苦努力，殊不知你已經擁有所追尋的事物。」

——引伸自《法華經》「窮子喻」

練習 49

與此時此刻做朋友

現在用幾分鐘沉浸在下列這些覺知的經驗中：

- 你手握這本書的感官知覺。
- 其重量、觸感。
- 周遭的空間感。
- 或許你注意到有其他的想法出現，或是有身體想要活動，又或許是其他的感官知覺產生。

這就是了！你剛剛已經造訪過它了（這就是我們所說的，你的覺知一直都在）。

欲速則不達

如果正念不管用時，又該怎麼辦呢？

我們的答案是：呼吸。

只要呼吸，就能同時察覺到「我正在呼吸」這件事，這表示自己不可能身處其他地方，只能在當下。當你專心一意在呼吸上時，就不可能分心再去做其他的事情，因此呼吸是通往專注與平靜的關鍵。在第60頁〈練習3〉中，有詳細的說明。

此外還有很重要的一點是，當我們太過專注於練習正念的結果時，就已非活在當下，而是活在另一個時空裡。擔心正念是否管用，只會讓你在此時此刻倍感壓力。如果我們對於能否從正念中獲益這件事，發展出一種開放、接納的態度，就會更有機會注意到規律練習所產生的意外收穫。

永遠在比較、在算計的心智，總是會產生幻覺。

——印度哲學家　克里希那穆提（Jiddu Krishnamurti）

就像花朵並不需要我們強迫它就能長出花苞一樣，我們也要相信，事情在對的時機自然就會發生。這裡談的就是去體會和接受「現實」，而不是「萬一……該怎麼辦？」

事實上，正念已帶來你所期盼的好處——你變得更放鬆、有效率，也創意十足，這些特質全都在你身上，也運作正常，你只是擔心這樣的事永遠不可能發生，於是憂慮就形成絆腳石，矇蔽了你的視線，讓你看不清事實。

你之所以到達目的地，是因為你知道自己已經到了。

——德國心靈導師、作家　艾克哈特．托勒（Eckhart Tolle）

上述這句話告訴我們，當我們準備好之後，我們就會到達那裡。正念，能讓我們為達到目的而做好準備。

練習50

練習不動心

當你處於下列的負面心態，想運用正念改變卻遭逢困難時，你可以這樣告訴自己：

- 這太難了——是的，這是一個艱難的時刻，但只要注意當下以及專注呼吸，這些全都會過去。
- 我不知道究竟該怎麼辦——是的，這是一個令人困惑的時刻，你不需要解決和修正任何事。
- 我做不到——是的，這是一個掙扎的時刻，你不需要「導正」任何事，維持原狀就好。
- 我好快樂，所以我無法練習——是的，這是一個快樂的時刻，專注在呼吸上，這些全都會過去。
- 我好悲慘，所以我無法練習——是的，這是一個不幸的時刻，專注在呼吸上，並試著放下。
- 我真的很擅長做這件事，我已經瞭解，所以我不需要再做練習了——這是思路清晰的時刻，這些全都會過去。

- 「正念」這碗粥太燙、太冷（或太震驚，或太恐怖了）！這一刻，無論你感覺到什麼，就讓它維持原狀，不要再加油添醋。

正念是「修剪忙亂」的利器

當你守候著「當下」的這一刻，在你的覺知中，就會顯現出生活的豐富多彩。有時候正念可以如閃電般，快速又精準地帶來清晰又令人驚訝的思緒、覺醒和洞察力。

正念也會慢慢變成一種本能，你可以將之內化為一種習慣。藉由練習，我們能意識到心智中的小習慣，進而產生微妙的變化。

當你變得愈真實，這個世界就會變得愈不真實。

——約翰·藍儂

生命只會給予它所該給予的，我們的任務就是順從它。用理解與慈悲心迎接它，但是你並不會因此獲得榮耀。

——知名禪修冥想大師　傑克・康菲爾德（Jack Kornfield）

我們最常從忙碌的案主那裡聽到的一些話是：「我現在不需要練習正念了，我感覺很好！」或是「為什麼正念一點用都沒有，我壓力好大，它根本沒幫助！」

我們瞭解為什麼當一切感覺都非常美好時，就可能不會產生想要練習的慾望。這種想法就像：「如果東西沒壞幹嘛要修理呢？」不過話說回來，那你把車子送去做年度保養的目的又是什麼？

同樣的道理，正念並不只是在有壓力時才做的事，它是一種生活方式，也是生活態度。透過經常練習，它就能在你最需要的時候，幫助你專注、平靜、放鬆，以及脫離困境。這是一種訓練——「練習、練習、再練習」就是關鍵。你會因此愈來愈駕輕就熟，而且覺知也將更自然、精準、頻繁地出現。

如果你把正念當做是修剪花園的工具，一年只有一次從結滿蜘蛛網的花園小屋裡拿出來，剪除那些惱人的雜草，你會發現在使用時它們全都生鏽、變鈍了。所以，每天都要培育正念，而且多多益善，如此，當你的花園雜草叢生時，你就可以隨手使用這套工具。

當你經過一段時間規律地持續練習正念後，你會發現自己：

- 思路清晰，注意力改善，並更加專心。
- 更安逸、平靜、放鬆和穩定（雖然你依舊忙碌）。
- 做事更具成效，也更有效率。
- 人際關係改善了。
- 能隨心所欲做出有助於生活進展的選擇。

假如你發現在練習後並未產生上述的效果，別擔心，只要繼續在生活中的每一刻都維持覺知，專心一意，一旦你這麼做，就像在夜晚之後白天一定會到來一樣的理所當然，你終會擁有清晰的思路、自由、平靜和安寧（它們也會消逝，然後再回來，又再度消失）。

正念小祕方

- 不管正念有沒有用，或者何時會有用，都別擔心，因為憂慮只會讓你遠離當下，而且壓力倍增。
- 留意你已經感到平靜、放鬆、有效率且創意十足。若擔心自己無法體驗更多，只會阻礙你看見這些其實早已存在你內心的特質。
- 練習正念可能會讓你感覺自己笨手笨腳，你也會在覺知中不斷來來去去。沒關係，事情就是這樣，這些感覺都很正常。
- 記住正念並不只是為了要應付壓力，當你心情很好或覺得一切都很順利時，也是練習的好時機。如此，當你在最需要它時，將隨手可得。
- 察覺到你正在為「練習正念」這件事而努力。

16 每天都是正念日

本章重點

❖ 如何以最合適的方式，將正念融入忙碌的生活裡。
❖ 在忙碌和壓力並駕齊驅、不相上下時，如何能繼續專注於當下。
❖ 正念如此受歡迎、與我們息息相關，並且對我們非常重要的原因何在？

現在，你能將從這本書中所學的東西，在現實生活中加以運用嗎？你能否進入自己聰明而遼闊的思緒中，找到內在的力量，讓它幫助你找到出路？你能否無所畏懼地活著，繼續堅持做自己覺得重要的事呢？

我們希望幫助你瞭解並體驗到，自己其實是多麼堅強、多麼具有韌性。請觀想你的內心——你久違的平靜就在那裡。

想像自己已經死去。你活過了這一生。現在，帶走你所留下的，好好地再活一次。

——羅馬皇帝　奧里略（Marcus Aurelius）

你就是自己最好的朋友

長久以來，我們都以為要消除痛苦就是要解決它、遠離它。在這樣的前提下，我們必須「感覺良好」，不能有負面情緒。但是，努力逃避不好的感覺，其實就跟「無感」沒什麼不同，這招真的不管用。

當你拒絕生活中的體驗、感覺和苦惱時，其實就是在拒絕你自己，因為你的感覺和體悟已經跟你脫鉤了。無論面對痛苦有多困難，你真的要在最需要的時刻背棄自己嗎？當面對挫折、遭逢困境時，我們無法保證有誰會陪在我們身旁，即使他們真心期盼能幫助我們。然而，只有「你」一直都在，你「此時此刻」也依然跟「自己」在一起。

練習51
保持開放的心

請用開放包容的心態，自問下面這些問題。

- 我願意充分體驗生活嗎？
- 我願意帶著這個忙碌的世界所給予我的東西自在遨遊嗎？
- 我能夠放掉「萬一……怎麼辦？」的想法，去看清「現狀」嗎？
- 我願意擁抱我的痛苦和煩惱嗎？
- 我願意邀請我的痛苦前來，照顧它，並且友善地關照它嗎？
- 即使困難重重，我還是願意放手一搏，盡力達成目標嗎？
- 假如我現在就逃離負面情緒，我跟這個世界各會變得如何？
- 我現在身在此處的目的是什麼？

體驗活在當下的力量

如果我們運用正念、專注當下，就能對自己百分之百誠實，也能看見真相。我們可以透過有意識的決定，來加強深層的專注力。當我們的覺知能力因為刻意專注而逐漸發展時，我們的決定會隨之改變，我們的世界也會隨之改變。

利用你的洞察力和本書中所教導的練習，有助於你將正念的基本原理融入生活中。如今你已經看見正念可能發生在各式各樣的情境中，無論是在呼吸、等車、睡覺、吃飯、走路、刷牙、睡前……隨時隨地都可以融入練習，正念的奇蹟將無所不在。

每一次當你在思緒流中創造空隙時，你的意識之光就會變得更強一點。有一天你可能會對腦海中的聲音發出會心一笑，就像你會微笑地看著小孩搞怪一樣。這表示你不再那麼認真地看待思緒的內容，因為你的自我感覺不再依賴它了。

——艾克哈特．托勒

練習52

注意空隙

1. 花點時間注意想法的出現。
2. 不要理會想法的內容，只要專注在每個想法之間的空隙。
3. 留意這個空隙，即便它很短暫。
4. 發現這個空隙是很遼闊的。
5. 讓自己體驗身處空隙內的感覺。

正念小祕方

・我們已經擁有練習正念的所有工具，此時此地它們就在我們身上。

・正念一直都與我們息息相關，密不可分。

・別總是想維持好心情，這跟「無感」並無不同。

・願意接受你所有的經驗、痛苦與磨難，並帶著慈悲和專注擁抱它。

・當你在真實世界中往前邁進時，也要留意當下，並且無所畏懼、睿智地採取行動。

CFH0407

如果停不下來，就先學會慢下來：

52種簡單易行的正念練習，幫你化解壓力，找回專注力〔靜心升級版〕

作　者—麥可・辛克萊 博士、喬西・希德爾
譯　者—張明玲
主　編—郭香君
執行企劃—張瑋之
封面、內頁版型設計—葉若蒂
編輯總監—蘇清霖
董 事 長—趙政岷
出 版 者—時報文化出版企業股份有限公司
108019台北市和平西路三段二四〇號一至七樓
發行專線—（〇二）二三〇六—六八四二
讀者服務專線—〇八〇〇—二三一—七〇五
（〇二）二三〇四—七一〇三
讀者服務傳真—（〇二）二三〇四—六八五八
郵撥—一九三四四七二四時報文化出版公司
信箱—10899台北華江橋郵局第九十九信箱
時報悅讀網—https://www.readingtimes.com.tw
綠活線臉書—https://www.facebook.com/readingtimesgreenlife
法律顧問—理律法律事務所　陳長文律師、李念祖律師
印　刷—紘億彩色印刷有限公司
二版五刷—二〇二一年七月二十六日
定　價—新台幣三二〇元

時報文化出版公司成立於一九七五年，
並於一九九九年股票上櫃公開發行，於二〇〇八年脫離中時集團非屬旺中，
以「尊重智慧與創意的文化事業」為信念。

如果停不下來,就先學會慢下來: 52種簡單易行的正念練習,幫你化解壓力,找回專注力（靜心升級版）/ 麥可・辛克萊(Michael Sinclair), 喬西・希德爾(Josie Seydel)著; 張明玲譯 – 二版. -- 臺北市 : 時報文化, 2021.01
面；　公分
譯自 : Mindfulness for busy people
ISBN 978-957-13-8515-0 (平裝)

1.抗壓 2.壓力 3.靈修

176.54　　109020822

ISBN 978-957-13-8515-0
Printed in Taiwan